小学校 特別支援教育 指導スキル大全

支援力アップのための必須スキルを**80本収録！**

中尾繁樹 編著

明治図書

はじめに

　本書は授業の中で使える指導スキル（技術）を取り上げ，それを身に付けることで教師の力量を上げるために編集しました。日本各地の第一線で活躍されている先生方の実践例を紹介することで，教師としての確かな授業力向上の糧となるものを取り上げています。特に特別支援教育の視点を取り入れ，どの子もわかる，できる工夫と合理的配慮も含め，様々な面で苦手さのある子どもが在籍している学級全体での配慮と個別の配慮の両方を取り上げています。一つ一つのスキルは小さく些細なものですが，「～ができるようになる！」「～がうまくいく！」といったこのスキルを用いることで一人一人にやさしい授業づくりができることを願っています。

　文部科学省は，インクルーシブな教育環境を実現するための手立てとしてユニバーサルデザインの考え方を積極的に取り入れようとしています。学校教育は本来一人一人の子どもたちを見つめて，それぞれに合った指導を行うことが求められています。しかし，最近はユニバーサルデザインの考え方や方法が広がるにつれて，専門的知識を持たない教師が安易にユニバーサルデザインの形だけをまねることによって，本来の学校教育の姿勢や態度に反し，教師側が勝手に想定した子どもたちに目の前の子どもたちをあてはめて扱うようになる危険性が生じています。さらに，実際の学校現場においても表層的なメソッドだけが独り歩きして，ユニバーサルデザインだけでなく，他の方法論も間違った活用の仕方が流布し，子どもを見ない教師の自己満足に終わっているケースが多く見られます。

　ユニバーサルデザイン化が求めるものとして，特別支援教育の視点を取り入れ，推進していくことも重要になります。特別支援教育とは子ども一人一人の教育的ニーズを把握し，適切な指導及び必要な支援を行うものであり，この観点から授業のユニバーサルデザイン化を進めていくことにより，障害のある子どもにも，周囲から認識されていないものの学習上又は生活上の困

難のある子どもにも，さらには全ての子どもにとっても，良い効果をもたらすことができるものと考えられます。

　ユニバーサルデザイン化を進める上で最も大切なことは全ての子どもが，その能力や可能性を最大限に伸ばし，自立し社会参加することができるよう，教師が積極的に研修し，授業力を向上させ，子どもを見る視点を増やすことによって教育の充実を図ることです。

　本書を活用するにあたって大切なことを以下にまとめておきます。

①実践スキルをそのまま活用してはいけません。
　そのまま活用するのではなく，必ず目の前の子どもたちの実態に合わせた形で柔軟に改善，応用，活用してください。

②子どもを見る視点を増やしてください。
　目に見えているものだけでなく，子どもたちの学力や行動の背景にあるものを理解する視点を増やしてください。「なぜ，どうして，どのように」を常に意識しながら活用してください。

③安心安全な学級づくりが大切です。
　お互いを認め合い支え合う学級では，落ち着いて安心して授業を受けることができます。安心で安全な学級，暴力的な言葉づかいや差別的な言葉づかいのない学級の中で授業を受けられるという基盤があって，子どもたちは自分の考えを伝えたり，自分にとって分かりやすい方法で問題に取り組んだりすることができるのです。

④授業は教師と子どもの関係づくりです。
　子どもが安心して過ごすためには，教師の教育的配慮が必要になり，教育的意図を持ったかかわりをすることで，確かな目標設定と学力や様々なスキルの獲得・改善・克服ができ，子どもが輝き，共感できる関係ができます。

2019年3月

中尾　繁樹

Contents

はじめに 2

Chapter 1 特別支援教育の指導スキルの磨き方

❶特別支援教育の視点で求められる教師の力 ---- 10
❷これからの指導に大切なこと ---- 11

Chapter 2 特別支援教育の指導スキル80

基本の学習環境

❶学習に参加しやすい「刺激量の調整」スキル ---- 14
❷学習に参加しやすい「整理整頓」スキル ---- 16
❸学習に参加しやすい「ねらいやルールの明確化」スキル ---- 18
❹学習に参加しやすい「時間や場の構造化」スキル ---- 20
❺学習に参加しやすい「安心・安全なクラスづくり」スキル ---- 22

指示・説明・学習ルール

❻全体指導のための指示・説明の8原則スキル ---- 24
❼聞いてもらうための注意喚起スキル ---- 26
❽話が端的になる指示・説明スキル ---- 28
❾伝わっているか分かる確認スキル ---- 30
❿理解をそろえるためのペア活動スキル ---- 32
⓫スキルの前の教師としての心のスキル ---- 34
⓬どの子も過ごしやすい学級目標をつくるスキル ---- 36
⓭子どもが育つ学級目標を使いこなすスキル ---- 38
⓮クラスの安全が保障される学級のルールやきまりの指導スキル ---- 40
⓯伝わりやすい視覚化と構造化のスキル ---- 42

❻クラスがうまくいく学級経営の柱スキル（その１） ---------------------- 44
❼クラスがうまくいく学級経営の柱スキル（その２） ---------------------- 46

学習の調整

⓲気が散りやすい子も集中が続く15分に１回は動く授業スキル --------- 48
⓳どの子もやる気が UP する「おかわりプリント」作成スキル --------- 50
⓴学習へ向かう力を付けるすきま時間活用スキル ------------------------ 52
㉑ちょこっと集中しやすくなるスペシャルお助け道具スキル ------------ 54
㉒どこかに隠れている子どもたちのやる気スイッチを押すスキル ------ 56
㉓忘れ物の多い子を叱らずにすむ教室常備文房具スキル ----------------- 58

国　語

㉔話すことが苦手な子もスピーチができる毎日のスキル ----------------- 60
㉕発表が苦手な子も話せるようになるペアトークスキル ----------------- 62
㉖作文の題材を見つけることができるお話バッグ教材の作成スキル ---- 64
㉗作文が苦手な子も進んで書ける学級文集作成スキル ------------------- 66
㉘苦手な子も詩を書けるようになる詩の本作成スキル -------------------- 68
㉙苦手な子も音読が好きになる音読カード作成スキル -------------------- 70
㉚苦手な子も読むことを楽しんで取り組める言語活動作成スキル ------ 72
㉛書くことが苦手な子も書けるノート指導スキル ------------------------- 74
㉜苦手な子も楽しんで読書ができる本の紹介スキル --------------------- 76
㉝苦手な子も本が好きになる読み聞かせスキル ----------------------- 78

社 会

- ㉞ 達成感を味わえる授業をパーツで組み立てるスキル -------------------- 80
- ㉟ どの子の興味もつかめるフラッシュカード活用スキル ---------------- 82
- ㊱ どの子も熱中する焦点化された発問スキル ------------------------------ 84
- ㊲ 発見したことを書けるようになる写真読み取りスキル -------------- 86
- ㊳ どの子も作業で理解できるグラフの読み取りスキル ------------------ 88
- ㊴ 熱中して話し合える話し合い・討論スキル ------------------------------ 90

算 数

- ㊵ 苦手な子も積極的に話せるようになるコミュ力 UP 指導スキル ------ 92
- ㊶ 残り時間が気になる子も落ち着ける視覚支援スキル -------------------- 94
- ㊷ めあてを時間内に書けるだるまさんがころんだスキル ---------------- 96
- ㊸ ペアトークの苦手な子もうまくペアで話せるスキル -------------------- 98
- ㊹ 次時の授業が楽しみになる個別指導スキル ------------------------------ 100
- ㊺ 授業の流れが分かる視覚支援スキル -- 102
- ㊻ ワーキングメモリの小さな子も前時を想起できる思い出しスキル ---- 104
- ㊼ 苦手な子も集中しやすい使い分け視覚支援スキル -------------------- 106
- ㊽ 美しいノートができる板書スキル -- 108
- ㊾ １年生の算数授業を楽しくはじめる百玉算盤活用スキル ------------- 110
- ㊿ 等分除と包含除の違いが分かるネーミングスキル -------------------- 112

理 科

- ㊑ 学習内容に意識を集中させる市販教材セット活用スキル（その１）--- 114
- ㊒ 学習内容に意識を集中させる市販教材セット活用スキル（その２）--- 116
- ㊓ 子どもが実験道具の準備・片付けができる理科室管理＆指導スキル -- 118

❺❹視覚的支援で意見の共有がしやすくなるタブレット端末活用スキル － 120
❺❺学習するべき内容に子どもが集中できる実験準備スキル －－－－－－－－－－－－－－ 122
❺❻子どもの観察する力を引き出せる観察指導スキル －－－－－－－－－－－－－－－－－－－－－ 124

生 活

❺❼どの子も自信をもって活動に取り組める共通体験の場づくりスキル － 126
❺❽スモールステップで楽しく飼育・栽培活動ができるスキル －－－－－－－－－－－－ 128

音 楽

❺❾恥ずかしい気持ちが消えるほぐして声を出すスキル －－－－－－－－－－－－－－－－－－－ 130
❻⓪初めての楽器への見通しがもてるミニミニコンサートスキル －－－－－－－－－ 132

図画工作

❻❶用具や材料が選びやすい環境整備スキル －－－－－－－－－－－－－－－－－－－－－－－－－－－－－ 134
❻❷不器用な子も絵の具の使い方が身に付く指導スキル －－－－－－－－－－－－－－－－－ 136
❻❸描くのが苦手な子も安心して絵が描ける資料活用スキル －－－－－－－－－－－－－ 138
❻❹不器用な子もうまく彫れる彫刻刀の指導スキル －－－－－－－－－－－－－－－－－－－－－－－ 140

体 育

❻❺戦術学習がうまくいくホワイトボード活用スキル －－－－－－－－－－－－－－－－－－－－ 142
❻❻運動量確保や動きの洗練化が図れる集合整列スキル －－－－－－－－－－－－－－－－－ 144
❻❼自分と仲間の体と心を整える体つくり運動の指導スキル －－－－－－－－－－－－－ 146
❻❽どの子も逆上がりができるようになる巻き上げ練習スキル －－－－－－－－－－ 148
❻❾投げる力が楽しく身に付く投力アップ指導スキル －－－－－－－－－－－－－－－－－－－－ 150
❼⓪勝ち負けにこだわりがちな子も参加しやすい役割とルールの設定スキル －－ 152

外国語・外国語活動

❼❶見通しを立てて参加できるスケジュール提示スキル ---------------------- 154
❼❷どの子も発話でき定着する手拍子チャンツスキル ---------------------- 156
❼❸アルファベットの形を体で表すＡＢＣ体操スキル ---------------------- 158
❼❹自信をもって交流できる先取り活動・交流スキル ---------------------- 160

道　徳

❼❺気持ちが理解しやすい感情曲線活用スキル ------------------------------ 162
❼❻状況理解が難しい子も分かるミニ場面絵活用スキル -------------------- 164

総合的な学習の時間

❼❼協同学習が苦手な子も参加しやすい地域人材活用スキル -------------- 166
❼❽苦手な子も質問できるインタビューの指導スキル ---------------------- 168

特別活動

❼❾自己表出が苦手な子も活動できる児童会活動スキル -------------------- 170
❽⓿発表が苦手な子も手が挙がる話し合いスキル ------------------------------ 172

Chapter 1

特別支援教育の指導スキルの磨き方

特別支援教育の視点で求められる教師の力

①みんなの特別支援教育

　特別支援教育とは障害の有無にかかわらず，全ての子どもたちのために全ての教師が関わる教育です。そのためには，一人一人違う学び方をしている子どもたちを理解し，楽しく「わかる，できる」ように工夫，配慮された授業を行う必要があります。これを集団の中での指導の個別化と呼びます。個別指導だけが特別支援教育の指導の体制ではありません。

　通常の学級における授業デザインをどう組み立てるかは，特別支援教育と教科教育の融合が必要になり，安心して過ごせる学級集団づくりが大切になります。特に特別支援学校の教育課程の中の自立活動を参考とした内容も必要になります。全ての教師が特別支援教育を理解し，「わかる授業と楽しい学級づくり」の形成のためのスキルアップの開発が急務になります。

②特別支援教育の視点を導入する

　授業づくりにおいて，特別支援教育が大切にしていることは「個々の子どもの実態把握から，授業をどう作り，どのように展開したいかを考え，授業の中でどんな力をつけさせたいか」ということです。障害の有無にかかわらず一人一人の実態を客観的に見極め，学び方の違う40人に対して，学級づくりや教科教育の中でどのようにわからせるかということになります。

　適切な実態把握ができるとねらいが明確になり，指導内容の充実につながります。それによって適切な評価ができ，振り返りと修正を行い，授業の再構築化が進んでいきます。

(中尾　繁樹)

❷ これからの指導に大切なこと

①気付きから支援へ

　教師は，子どもたちの一人一人のニーズを受け止め，人間として成長・発達させることが大切になります。子どもの実態把握とは，障害を見つけることではなく，視点を増やすことです。つまり実態把握の手立てを増やし，個々によって特性や背景が違うことを理解することで目に見えない部分を客観的に把握する力が必要になります。例えば「集中して話を聞くことが苦手」という実態把握では，「なぜ，どうして」という部分が分かりません。もう少し詳しく見てみると，友達の意見に関しては興味関心を示すが，教師の説明の部分は集中が途切れ，聞き落としていることが分かりました。それらの原因として今までは，不注意で片付けられてきました。しかし実際のところ不注意の原因には聴記憶の弱さ，覚醒レベルの低さ，聴覚の同時処理の苦手さといった認知レベルの問題が背景にあります。その背景理解が教師側に乏しいと，発問の不的確さや注意・叱責に終わってしまっていることもあります。

　このような背景が分かれば，予想される困難さとして，指示内容を聞いていないために，授業の手順が分からずに戸惑っていることや，最初の言葉だけ聞いて間違った答えをすることから，失敗感だけが残ってしまうことがあります。つまずきを予想できれば，具体的な手立てとして，声かけをしたり，板書やワークシートの手順を再度チェックができるシートを準備したり，グループワークやペアワークで相互確認させたりすることができます。

②できた，わかったの達成感

　自己存在感や自己肯定感を高めるためには，個を大切にし，「できた，わ

かった」の達成感の獲得が大切になります。全ての子どもたちが学びに参加でき，現実的に発揮することが可能な力で達成感を得られるためには以下のような配慮も必要になります。

〇子どもたちの考えのよさを認め，肯定的評価をする

　これは「ありがとう」「ごめんね」等の共感から始まるコミュニケーションの上に成立していきます。例えば，友達の良いところを見つけお互いにほめ合いっこをさせる等のワークショップも有効です。

〇つまずきや誤答を肯定的に取り上げ，みんなのためになったことを評価する

　これは失敗が許される環境づくりと教師の授業や学級づくりの力量が大いに関係してきます。

〇机間指導でつまずきを予想して声をかける

　個の支援シート（図１）を作成し，各授業で活用していくことで授業構成や個々のつまずきの予想や失敗感の抑制，できた感の向上につながっていきます。

〇子どもたちをどの場面で活かすかを工夫する

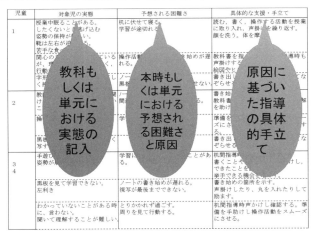

図１　個の支援シート

（中尾　繁樹）

Chapter 2

特別支援教育の
指導スキル
80

基本の学習環境

学習に参加しやすい「刺激量の調整」スキル

POINT
❶刺激量を調整して集中を妨げない
❷黒板掲示をパターン化する

　子どもたちは皆,「勉強が分かるようになりたい」「認めてもらいたい」という願いをもっています。その思いを受け止め子どもの自立的な成長を支えるには, 一人一人の子どもの実態や学級全体の特徴をしっかりと把握した上で, ねらいを明確にして授業や学級経営を工夫していくことが大切です。その視点に立って, 教室や学校の環境づくりを考えてみましょう。

①刺激量を調整して集中を妨げない

　LD等の子どもたちは, 文字や板書を見たりする際に, たくさんの情報から注目すべきことを見つけにくいことがあります。そのため, 時間がかかったり, 気がそれたりするなど苦労を味わっています。

黒板周りはすっきりと。黒板内も, その授業に関係のない掲示等は外しておきましょう。時間ごとにリセットです。

　集中の持続困難や不注意, 多動という様子は, 周囲の刺激との関係で生じ

やすいため，学習のポイントに注目しやすい状況を作るには，その時間の学習に関係のない情報はできる限り減らす方が，黒板に注意を向けて集中しやすくなります。必要な情報は積極的に出してあげましょう。

棚は擦りガラスで，中が見えにくくなっています。

棚はカーテン等で目隠し。

教卓の机上も注意を引くものは片付けます。

②黒板掲示をパターン化する

教室での授業では，黒板を利用した授業が多くなります。授業ごとにチョークの色や板書形式の意味合いが異なると，授業の内容以外に教師の意図を把握することも必要になってきます。授業内容に集中できるよう，少なくとも教科ごとに板書のパターン化をしておくと，子どもたちも見通しをもつことができ，参加しやすくなります。これも，刺激（情報）調整の一つです。

ねらい　学習の流れ

特別支援学級での黒板利用です。4人一緒の学習の時，黒板にはいつも一人一人の「ねらい」と「学習の流れ」が示されます。子どもたちは，黒板に提示された自分の学習を確認しながら取り組めます。

また，必要な音と注目しなくてもいい音との調整がうまくいかず，集中できないために落ち着けない子どもたちもいます。授業中の音の刺激量（大きさ，質，量）の調整はどの子にとっても助かる配慮です。

（日下　泰子）

基本の学習環境

学習に参加しやすい「整理整頓」スキル

POINT
❶良いモデルを見て持ち物の片付け上手になる
❷分かりやすく,使いやすく,気持ちよく整理整頓する

①良いモデルを見て持ち物の片付け上手になる

　配慮を必要とする子どもには,片付けが苦手な子どもも多くみられます。引き出しやかばんに物があふれていると,学習への影響も大きくなります。学びの場である教室が整理整頓されていることは,片付けの良いモデルです。

|毎日もって帰るもの|色鉛筆 筆箱|毎日置いておくもの|

下校の前に,引き出しを机上に出して帰ります。置いておくもの以外は持ち帰るので引き出しの中はすっきり整理されます。定着に必要であれば引き出しの底に仕分けモデルを明示します。

　宿題やプリントの提出は,どの教室でも毎朝見られる光景です。「何を」「どこに」,「どのように」出したらよいか一目で分かるように,専用の箱や

かごを用意して決まった場所に置いておきます。箱には出すものを明示しておきましょう。毎日の提出が日常化しやすくなります。

②分かりやすく，使いやすく，気持ちよく整理整頓する

　全体で共有して使用する場合，片付け方によって次に使う人が分かりにくいことがよく起こります。基本は「元のあった場所に，元の状態で戻す」ことです。トイレのスリッパ同様，次に使用する人がいることを意識できるようにしていきましょう。

ペンに色テープを貼り，同色テープのものを片付けるようにした工夫です。

倉庫の中。扉に写真で「どのように」片付けてほしいか知らせています。

置き場所を白テープで表示しています。

元の位置に，元のような状態に片付けます。定着には，時々片付ける時間を持つことを継続していきます。

　整理整頓するスキルの獲得は，最初は良いモデルの真似をしながら，「仲間分けをして分別」，「必要でなくなったものは処分するのか残しておくのかの選択」，「処分するならその方法」，「残すならその残し方」……と，思考や判断を伴います。たかが整理整頓，されど整理整頓。カテゴリー概念の形成，論理的な選択，具体的な方法の推測など学習力と結び付いています。

　　　　　　　　　　　　　　　　　　　　　　　　　　（日下　泰子）

基本の学習環境

学習に参加しやすい「ねらいやルールの明確化」スキル

> **POINT**
> ❶学習のねらいを明確化する
> ❷学習ルールを明確化する

①学習のねらいを明確化する

　学習の内容とねらいは別のものです。単元名は学習内容の総合的な名称であり、ねらいは指導者が目の前の子どもたちの実態に沿って工夫した授業ごとのその時間の学習目標です。「学習のねらい（めあて）」を明確に授業の最初に提示し、子どもと一緒に確認することが授業のスタートとすると、ゴールは子どもたち自身が本時のねらい（めあて）に対してどうであったか振り返ることになります。

　流れの中で全体像をつかみにくい子どもたちにとって、学習のねらいが明確に提示されることで、何を本時の課題にしていけばよいのか焦点化して参加することができます。

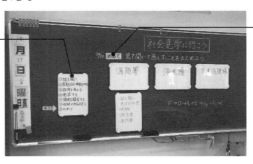

「1時間の学習の流れ」があると、授業の展開が分かり安心して参加できます。

本時のめあて（ねらい）

本時のめあて

準備や片付けも分かりやすく
（中学校，iPadでモニター表示）

仕上がりを最初に示す

②学習ルールを明確化する

　集団での一斉学習で，どの子にも分かる授業をしていこうとすると，集団内のお互いが尊重されるためのマナーのようなルールが必要です。また，限られた時間の中での授業ですから，「何度言ったら分かる！」とか「姿勢が悪い」などの否定的な注意を投げかけることは，集中も途切れ，全体の意欲もそいでしまいますので避けたいものです。

　作業や活動場面で，手順や並び方，使用の仕方などを見れば分かるよう掲示してあれば，忘れている子も自分で遂行しやすくなります。否定的な言葉の投げかけの代わりに「合言葉」を作っておけば，短い言葉で意図を伝えることができます。話し合いの場では，「聞き方・話し方」「グループでの話し合いの仕方」「待ち方」「まとめ方」等々，丁寧に指導した上でカードにしておくと確認しながら進めることができ活用と定着につなげることができます。

保健室の並び方

道具の使い方

いい姿勢を取ってほしいときに，「チョコ，ピタ，ピン」の合言葉

（日下　泰子）

基本の学習環境

4 学習に参加しやすい「時間や場の構造化」スキル

POINT
❶行事や学習予定を見える化する
❷場を構造化して，活動しやすくする

①行事や学習予定を見える化する

　予定を知っておくことで，心構えができます。時間の見通しは，自分の生活のめどを立てることにつながるわけです。

　学習場面では，流れや活動内容を知ることで，スタートやゴールも分かりやすく，子どもたちの中に授業時間内の見通しが立ちます。「流れの3つ目の〇〇は難しそうだから，それまでのことをよく考えておこう」，「これで最後だからがんばろう」等，受け身的ではなく主体的な学習参加を促せます。

　流れについては，板書の流れや場所を決め，そこに内容カードを事前に配

朝読書（朝会）	
1	こくご
2	体いく
業間休み	
3	さんすう
4	音がく
昼休み，そうじ，学習タイム	
5	書しゃ
下校	

一週間の予定　　一日の予定　　通常の学級
　　　　　（特別支援学級は個々に）

置することで，学習の見通し理解により役立ちます（黒板の構造化）。

②場を構造化して，活動しやすくする

　本の読み聞かせのために，教室の前にスペースを空けて「自由にすわってください」と言われた途端，教室を飛び出し「僕はどこに座ればいいの？」と通級指導教室に逃げ込んできた子どもがいました。空間認知が苦手な子でした。一緒に戻ると，学級の友達が「ここに座るといいよ」と手招きをしてくれたので，自分の位置を確保し，読み聞かせを楽しむことができました。

　このように，いつもと違う方法，初めての場所，広い空間での活動を不安に感じている子にとって，「全体と部分の位置関係が分かる工夫」や，「その場での活動の機能を明確にする」ことは，とてもありがたい支援なのです。

保健室内は，機能別に各コーナーを準備。掲示は一か所に集めてあるので注目しやすいです。

図書室：入口に示された「図書館マップ」は，館内の配置とマッチング。

掃除した後，どこに机を戻すか分かりづらいので，机の前がくる床の位置に白テープがつけられています。

（日下　泰子）

基本の学習環境

学習に参加しやすい「安心・安全なクラスづくり」スキル

POINT
❶生活ルールを明確化する
❷学級内の相互の理解を深める

①生活ルールを明確化する

　学級の子どもたちがお互い気持ちよく過ごせるように，必要な生活ルールは全員が守れるよう，具体化，単純化し，分かりやすい方法で伝えます。

　落ち着いた学習環境づくりの実施にあたっては，学校全体で取り組めることが肝要です。学年や学級が変わるたびに生活ルールが変わるのは子どもたちのためのルールだとは言い難いです。

　発達の過程や学級の特徴によっては，さらに具体的なルールが必要なこともありますが，身に付けていきたい力は，見えない根を育てるように継続して育て，見守っていくことにより枝を伸ばし豊かな葉をつけていくものです。形から入るようで，違和感を覚える方もいるかもしれませんが，みんなで同じ取り組みを共通理解で継続していくことによって，小学校の中学年ぐらいになればルールの底に流れる「何のために」という認識に，多くの子どもたちが気付いていけることをねらいたいものです。

②学級内の相互の理解を深める

　様々な教育的配慮を必要としている子どもとは，「個々に合った教育的配慮」と捉えたなら，本来全員が対象です。しかし，生活ルールや学習ルール

の設定，ユニバーサルな授業の展開によって，いわゆる「基本的環境調整」のレベルが高い学級では，個別的な教育的支援を提供される子どもたちの数は比較的少なくなり，そうなると支援の質や量も深めることができます。

　そういった個別的な配慮を受ける子どもにとっても学級にとっても支援が好ましく有効なものになるには，何よりも個別的な教育的支援を受け止め支持する学級内の文化の醸成が必要です。相互理解を進める学級経営によって，個々の違いを当たり前に受け止め，個々の成長をお互いが励みにし，それゆえ学級のみんなが前に進める教室（人的）環境づくりが土台であると考えます。

「靴はかかとを向けて入れよう」

避難時のヘルメット

片付け場所はどの教室も同じ位置

給食用配膳テーブル

理科室の椅子は授業が終わると，机の上にあげておきます。

生活上のみんなのルール

（日下　泰子）

指示・説明・学習ルール

全体指導のための
指示・説明の8原則スキル

POINT
❶全体指導における8つの原則を意識する
❷指示や説明を確かにするため聞いていることをほめる

①全体指導における8つの原則を意識する

　特別支援教育というと，すぐに「個別的な指導」を想定する人が多いようです。しかし，いきなり個別的な関わりをするのではなく，それ以前に全体指導における工夫が行われている必要があります。全体指導において指示や説明を行う場面では，以下のような8つの原則があります。

　(1)注意喚起の原則
　　　子どもたちの注意を十分に引きつけてから，指導を始める。
　(2)一指示一行動の原則
　　　一回の指示に一つの行動・動作だけを示す。
　(3)冗句不使用の原則
　　　「えーっと」「あのー」などを使用しないよう気をつける。
　(4)視覚的支援の原則
　　　言語指示だけに頼らないように，見せる支援を充実させる。
　(5)具体的操作の原則
　　　子どもが動作・操作に置き換えられることを伝え，理解を促す。
　(6)復唱確認の原則
　　　実態にもよるが，伝えたことを復唱させて理解や定着を確認する。

> **全体指導における８原則**
> (1) 注意喚起の原則
> (2) 一指示一行動の原則
> (3) 冗句不使用の原則
> (4) 視覚的支援の原則
> (5) 具体的操作の原則
> (6) 復唱確認の原則
> (7) 反復練習の原則
> (8) 即時対応の原則

(7) 反復練習の原則
　一度で身に付けさせようとするのではなく，繰り返し教える。
(8) 即時対応の原則
　間違ったまま進めさせると「誤学習」になるので，すぐに対応する。

②指示や説明を確かにするため聞いていることをほめる

　指示や説明は「聞かせよう」とするのではなく，聞いている場面をたくさんほめることで確かなものになります。そのためには，聞いている場面を含めて，子どもの行動の中から，日常の小さなことをできるだけたくさん見つけ，何度もほめることを習慣化することが大切です。

【引用・参考文献】
川上康則「最も教えたいことを子どもたちからどう引き出すかがポイント」の巻，もしも通常学級の教師が特別支援学級の担任になったら…日記シーズン２，『実践障害児教育』2017年11月号，pp.28-31

（川上　康則）

指示・説明・学習ルール

聞いてもらうための注意喚起スキル

POINT
❶つまずきの背景を理解する
❷「聞くのが当たり前」ではなく，聞かせる工夫をする

①つまずきの背景を理解する

　一斉指示の理解が難しい子どもの中には，「注意（attention）」という機能のつまずきがみられることが少なくありません。注意は，脳のはたらきの一つです。様々な刺激や情報の中から，必要な情報を選択的につかみとることにつながるため，その機能は「アンテナ」にたとえられます（川上，2016）。
　注意のアンテナの感度には個人差があり，「強さ（強度）」と「情報の選び方（選択性）」によって決まります（次頁の図参照）。
　「強さ（強度）」が弱いと，意識レベルが低い状態が続き，ボンヤリする場面が多くなります。「情報の選び方（選択性）」につまずきがあると，情報の取捨選択が困難だったり，授業には関係のない刺激の方に引きつけられてしまったりする姿が見られます。
　全員が一律に「聞く力」をもっているわけではありません。まずは，指示を聞きとることが難しい子どものつまずきの背景要因を理解しましょう。

②「聞くのが当たり前」ではなく，聞かせる工夫をする

　注意の「持続」や「選択」が難しい子どもには，一斉指示が通りにくいため，聞かせる工夫が欠かせません。これを「注意喚起」と言います。

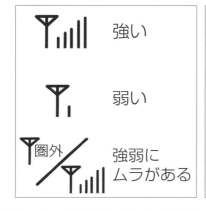

　注意喚起を促す具体的な方法として，①教師の方に一度注目を促す，②注目できていることをほめる，③注目を確認してから端的に話す，④話が理解できているかどうかを隣の子どもと確認させる，などが考えられます。

　注意の「分散」や「転換」が難しい子どもの場合，指示を聞きながらメモをとったり，活動の途中で切り替えたりすることが苦手です。そのため，①目標を明確に示す。②授業内容を焦点化したりして，その子にとって有用な情報なのだと感じさせる，③いつまでに何をどの程度学ぶのか，ゴールを明確に示す，などが考えられます。

　注意を引きつけるために名前を呼ぶと，周囲に「あの子は話を聞かない子なのだ」というイメージを植え付けてしまうことが多いので避けましょう。

【引用・参考文献】
川上康則「注意・集中への配慮」，『授業力＆学級経営力』2016年2月号，pp.12-13

（川上　康則）

指示・説明・学習ルール

話が端的になる指示・説明スキル

> **POINT**
> ❶語数を少なくする
> ❷「重文」や「複文」は使用しない
> ❸視覚的な情報を提示し，理解確認を行う

①語数を少なくする

　指示や説明の際には，短く端的に伝えるようにします。より具体的に言えば，一文に含まれる語数を可能な限り少なくするということです。

　このスキルを身に付けるには，習慣化することがもっとも大切です。したがって，授業の中だけでそのスキルを向上させようとするのではなく，普段の生活から人に何かを伝えるときには語数を絞ることを心がけるようにします。

　語数を少なくするコツとしては，①一つの指示を伝える際には，行動・動作を一つに絞る（一指示一行動の原則），②「えーっと」「あのー」などの指示に直接的に関わらない冗句や冗語をできるだけ使わないよう努力する（冗句不使用の原則）を常に意識するようにします。

②「重文」や「複文」は使用しない

　複数の項目を伝えなければならない場合，まずは「重文」や「複文」をできる限り使用しないように配慮します。

　重文とは，「Aくんは○○をして，Bくんは△△をしてください」のよう

に単文を二つ以上並列させることを言います。また，複文とは，「授業に遅れないようにすることは大切なことですが，廊下を走るのは危険なのでやめましょう」などのように述語が複数入り，さらに修飾部が含まれる文のことを言います。

　重文や複文を使用しないためのコツは，①ナンバリングや②接続詞を用いることです。ナンバリングとは，「伝えたいことが３つあります。まず……。次に……。そして……」や「第一に……，第二に……，第三に……」などのように伝えたいことに番号をふって伝えていくことです。

　また，接続詞を用いることも工夫の一つです。冒頭でまとめを伝えたあとに「たとえば……」と具体例を伝えたり，具体的な事象を述べたあとに「つまり……」とまとめたりします。物事の順序を伝える「そして……」や「それから……」，因果関係を伝える「だから……」などの接続詞を効果的に活用し，日ごろから論理的に伝えていくことを心がけるようにします。

③視覚的な情報を提示し，理解確認を行う

　言語だけの指示や説明は，子どもの心に残りにくいところがあります。そのため，音声情報よりも視覚情報を提示するようにします。文字・イラスト・写真などを適宜使用しながら，指示や説明をより具体的に伝えるようにします。

　また，指示や説明の内容が子どもたちに確実に届いたかどうかを確認するための時間をつくることも大切です。「今伝えたことを，隣の人と確認！」などのように，子ども同士で伝え合ったり，メモを見せ合ったりする場面を作るようにしましょう。アウトプットの時間を作ることで，記憶に定着しやすくなる効果も生まれますし，理解できているかどうかを教師の側からも確認することができます。

（川上　康則）

指示・説明・学習ルール

伝わっているか分かる確認スキル

POINT
❶指示・説明を伝えたあとに確認の場面をつくる
❷間違って伝わっていることがあれば,すぐに修正する

①指示・説明を伝えたあとに確認の場面をつくる

　指示・説明を子どもたちが理解できているかどうかは,確認の場面を通して把握することができます。以下に具体的な方法を示します。

(1)**確認クイズを出す**
　「今伝えたことは,AかBのどちらでしょうか?」
　「どこに集合する,と言われたでしょうか?」
　「いつまでに作業を終えること,と話したでしょうか?」
などの確認クイズで,理解したことを確認できるよう促します。

(2)**クローズド・クエスチョンを用いる**
　確認クイズを出す場合には,クローズド・クエスチョンを用います。一つの質問に一つの答えが対応するように項目を絞ることで,子どもたちも答えやすくなりますし,教師側も子どもたちの理解度を把握しやすくなります。
　クローズド・クエスチョンとは,答えが限定されるような質問のことを言います。図で示した「質問の難易度」のうち,A難度〜C難度までの質問です。

(3)**質問とアウトプットをつなぐ「指示」を伝える**
　クイズを出すだけでは,実はほとんどの子どもたちは考えません。質問し

```
質問の難易度

A難度  「はい・いいえ」で答えられる質問
       Ex.「運動は好きですか？」
B難度  答えの中から選択肢を選べる質問
       Ex.「国語と算数，どちらが好きですか？」
C難度  答えが限定できる質問
       Ex.「いつ」「誰と」「どこで」「何が」「何を」
D難度  答えが限定されない質問
       Ex.「どのように」「どうして」「なぜ」
```

たあとに，動き出すための指示を出す必要があります。

たとえば，「答えを隣の人と言い合いましょう。せーの……」と伝えたり，「Aだと思う人は手をグー，Bだと思う人は手をパーにして挙げてください」と伝えたりすれば，必ず子どもたちがアウトプットする場面をつくることができます。

②間違って伝わっていることがあれば，すぐに修正する

人の記憶はとてもあやふやなものです。当然，指示内容が間違って理解されているということもありえます。特に，支援を要する子どもの場合，聞きもらしや聞き間違いが多くみられます。

もし，間違って伝わっていることがあれば，それを放置せずに，すぐ修正します。「いつか気付くはず」「そのうち分かってくれるはず」「周りを見れば分かるはず」といった思い込みはもたないようにしましょう。

(川上　康則)

指示・説明・学習ルール

理解をそろえるための
ペア活動スキル

POINT
❶ペアトーク・ペア活動の「意義・効果」を理解して活用する
❷ペアトーク・ペア活動の「課題・限界」を理解して活用する
❸短時間で小刻みに取り入れ，効果をさらに高める

①ペアトーク・ペア活動の「意義・効果」を理解して活用する

　クラスには，理解がゆっくりな子どもがいます。ここで個別に支援するための時間を割くと，他の子どもたちが退屈して離席・私語などの行動が出て，その指導に追われてさらに時間を取られることになります。指導をうまくいかせるカギは，「我慢させる」のではなく，「参加感のある活動を用意する」ということです。参加感のある活動として取り入れやすいのがペアトーク・ペア活動です。しかし，「意義・効果」を考慮せずにただ取り入れるだけでは，子どもたちに「やらされ感」しかもたらしません。そこで，なぜペアトーク・ペア活動を取り入れるのがよいのかを理解した上で，効果的に活用することを目指します。

　ペアトーク・ペア活動の「意義・効果」は以下のとおりです。
(1)**理解レベルを早めにそろえることができる**
　たとえば，「ノートにどこまで書けたか，隣同士で確認しましょう」と伝えれば，子どもたち同士で確認したり情報共有したりして，そろえることができます。
(2)**インプットしたことをアウトプットして定着させることができる**

話を聞いた段階でとどめてしまうと,分かったつもりで終わりやすいため,自分の言葉で表現させます。こうすることで記憶に残りやすくなります。
(3)他の人のフィルターを通して学ぶことができる
　同じ話でも,感じたことは人によって異なることを知る機会になります。また,相手の学びを知ることで新たな視点を獲得することができます。
(4)話すことでガス抜きができ,集中が続くようになる
　話を一方的に聞かねばならない場面が続くと,集中も長くは続きません。気持ちをリセットするために子どもたちが自分から話す場面を作ることで,適度な「ガス抜き」ができます。

②ペアトーク・ペア活動の「課題・限界」を理解して活用する

　どんなに効果的とされている教育技術であっても,必ず課題や限界があります。ペアトークやペア活動についても,その課題・限界を把握しておく必要があります。
(1)ペアの能力差を考えておかないと,話し合いが深まらない
　小学校のペアリングは,支援を必要とする子どもの隣に,それに振り回されないしっかりとした子どもを座らせるというケースが多いようです。ペアに能力差がある場合は,オープン・クエスチョン(p.31の図で示したD難度)を用いると開きが大きくなってしまうので,使わないようにします。
(2)「互いの意見は尊重される」という安心感のあるクラスでなければ,話し合いそのものが成立しない
　クラス全体が落ち着かない状況で,ペアトーク・ペア活動を用いるとさらに状況が悪化します。ペアでの活動場面の導入は,学級経営と同時並行で考えていくことが大切です。

③短時間で小刻みに取り入れ,効果をさらに高める

　ペアトークであれば15秒から30秒程度,ペア活動であれば1分程度にとどめます。それ以上長くなると集中が途切れます。　　　　　　　　(川上　康則)

指示・説明・学習ルール

スキルの前の教師としての心のスキル

POINT
❶子どもは「ルール」よりも「ラポール」にしたがう
❷ブレない軸・枠・型を考え，そして幅をもたせる

①子どもは「ルール」よりも「ラポール」にしたがう

　本書を手にされた方の中には，すぐにでも取り組めるような「手立て」や効果的な「技」を学びたい（本音としては「すがりたい」でしょうか？）と願う方もいらっしゃることでしょう。しかし，焦る気持ちから強引な指導につながってしまったり，その子のつまずきの背景を考慮しない支援の空回りになってしまったりしているということはないでしょうか。

　子どもは促成栽培のようには育ちません。「今すぐに変わってほしい」という願いが強くなると，様々なルールで縛ったり，強く言い聞かせたりするといった対応がどうしても多くなりがちです。

　また「指示にしたがわない」「指導が入らない」などのマイナス表現がつい口から出てしまうのは，教師の焦りの裏返しであることが少なくありません。もしも「指導が入る」ようにしたいのであれば，子どもを変えようとするのではなく，「やっぱりこの先生の話は聞く価値がある」という「ラポール（信頼関係）」づくりが欠かせません。子どもは，ルールよりもラポールによって行動を変えるものです。やり方やスキルを追い求めるのではなく，自分のあり方を見直すことから始めましょう。

教師として必要な「軸・枠・型・幅」

①軸	②枠	③型		④幅
■どんな子どもを育てたいか ■どんな教師であり続けるか ■何を正しいとするか ■何を大切にするか ■いつどんな場面でほめるか ■いつどんな行動を叱るか	■どこまでを正解とするか（Ex：「集合」の号令のときに，どの位置にいるのを正解とするか） ■どこまでを指示通りとするのか ■主導権をどこまで教師がもつか，どこまで決定を子どもに委ねるか	■何を ■どの程度まで ■何秒・何分ですろのか ■活動の終わりや課題の達成が明確か ■示したことがうまく達成できないときに切り替えるタイミングまで考えているか	×	■子どもの実態に合わせて幅をもたせているか ■０－100までの幅の中で，今，どの立ち位置にいるかを常に意識しているか

まず，①～③が未形成な状態で教壇に立つと，子どもが混乱する。
一方④は，すぐには習得できない。失敗を繰り返しながら身に付けることになる。
さらに，教師側が形成できていたとしても，子どもたちに浸透するまでに時間がかかる。

②ブレない軸・枠・型を考え，そして幅をもたせる

　図は，教師として必要な「軸・枠・型・幅」を具体的に示したものです。
「軸」は，何を大切にし，どんな教師であり続けるかということ。
「枠」は，主導権をどこまでもち，決定権をどこまで委ねるかということ。
「型」は，何をいつまでにどのようにするか，一定のやり方が定まっているということ。
　そして，それらは常に固定的ではなく，子どもたちの実態や日々の状況に合わせて「幅」をもたせることが大切です。
　これらが未形成なまま，ただただスキルだけに頼ろうとすると，子どもたちが混乱してクラスが荒れます。

（川上　康則）

指示・説明・学習ルール

どの子も過ごしやすい学級目標をつくるスキル

POINT
❶学級目標を決定する４つの要件を知る
❷子どもたちの実態を踏まえた学級目標をつくる

①学級目標を決定する４つの要件を知る

　学級目標についての捉え方は様々です。

　教師が決めるというクラスもあれば，子どもたちと話し合って決めるというクラスもあります。時期としても，年度初めにできる限り早い段階でつくるというクラスもあれば，じっくり時間をかけて決めるというクラスもあります。設定されている期間についても，理想像を高く示し，１年間その姿を目指し続けるというクラスもあれば，学期などの節目ごとに見直し，少しずつバージョンアップさせるというクラスもあります。

　しかし，いずれにしても，学級が集団としての機能をもち，営みを進める上で，目標は「絶対に必要なもの」であることは間違いありません。

　学級目標は以下のことを考えて決定します。

---
(1)方向性：一人では解決できない課題を集団でどう共有・解決するか
(2)関係性：仲のよさを具体的にどう表現するか
(3)役割：個々の構成メンバーにはどのような役割があるか
(4)ルール：守るべきルールとは何か

「クラスが目指す価値観」と発達につまずきのある子の
よくない**相性**は，こんな風に出やすい

	貼り出されている**学級目標**より	つまずきがある子の**クラスでの立ち位置**
Ex1	けじめのあるクラス	**多動性**の高い子は叱られることが多くなる。
Ex2	相手の気持ちを考えて行動するクラス	**自閉スペクトラム症**があると，居心地が悪くなることも。
Ex3	相手に迷惑をかけないクラス	**衝動性**が高い子や**不注意**な子は，おそらく，からかいのターゲットになってしまう。
Ex4	まじめに取り組むクラス	**読み書き計算につまずきがある子**は，ふざけているように見られる。

→一人一人の持ち味が認められるクラス・多様な考え方が尊重されるクラスなどであれば，つまずきのある子も問題視されにくい。

②子どもたちの実態を踏まえた学級目標をつくる

　学級目標は，クラスで共有すべき「価値観」と言っても過言ではありません。しかしその一方で，発達につまずきのある子どもとの相性がよくない学級目標が示されているということはないでしょうか。

　図に例示したように，「けじめのあるクラス」では多動性の高い子どもにとっては居心地が悪くなるでしょうし，「相手の気持ちを考えて行動するクラス」では，自閉スペクトラム症（ASD）がある子どもの困難さそのものが目標にされてしまっています。価値観の共有を意識しつつ，クラスの子どもの実態を踏まえた学級目標になっているかを確認することが大切です。

　クラスの実態の幅が広い場合は，「一人一人の持ち味が認められるクラス」や「多様な考え方が尊重されるクラス」などのように「多様性（diversity）」を重視した目標を設定するようにします。

【引用・参考文献】
赤坂真二編著『最高のチームを育てる学級目標　作成マニュアル＆活用アイデア』明治図書，2015年，pp.10-19

（川上　康則）

指示・説明・学習ルール

子どもが育つ学級目標を使いこなすスキル

> **POINT**
> ❶目標に向かう行動に「価値付け」する
> ❷抽象度が高い目標は，具体的な言動のリストをつくる
> ❸嫉妬は受け流し，共感が広がるまで待つ

　学級目標がただの「飾り物」のまま終わってしまう，そんなクラスが少なくないように思います。活用されてこそ機能するようになりますから，使いこなすことを考えていきましょう。

①目標に向かう行動に「価値付け」する

　目標に向かうような行動や，目標に見合った行動に対して「今，目標のことを意識していたね」とか「目標を考えながら動いていたね」と価値付けをします。はじめのうちは，目標のことをあまり意識していないまま行動しているかもしれません。しかし，繰り返し言われたり，周囲の友達が声をかけられている場面を見たりすることで，目標を意識することの大切さを学び取ります。

②抽象度が高い目標は，具体的な言動のリストをつくる

　長期的なスパンで学級目標を達成しようと考えると，どうしても抽象度が高い内容になりがちです。その場合は，目標に見合った具体的な子どもの発言や動きをあらかじめリストアップしておきます。ただし，このリストは教室内には絶対に貼り出してはいけません。なぜなら，勘の鋭い子であれば，

学級目標が「助け合い，支え合うクラス」のような抽象的な内容である場合の言動のリスト化の例

1．友だちを待つ言葉	2．友だちを励ます言葉	3．友だちと協力する言葉
・一緒にいこう ・待ってるよ ・あわてなくても大丈夫 ・まだ間に合うよ ・お互い様だよ ・気にしないでね	・絶対できるよ ・一緒にがんばろう ・こんな工夫はどう？ ・間違ったっていいんだよ ・君のおかげだよ ・助かるよ ・大丈夫だよ	・手伝うよ ・一緒に持つよ ・どうした？ ・僕に何かできることあるかな？ ・なんだか嬉しいな ・ありがとう

※ただし，このリストは教室には貼り出さないようにします！

「先生は，きっとこの言葉を言わせたいんだな」と見抜いてしまうからです。このリストは教師の頭の中だけにしまっておくようにするのがポイントです。

③嫉妬は受け流し，共感が広がるまで待つ

　リストにある発言や行動に対してはすかさず評価を伝えます。これを「即時評価（即時強化）」と言います。しばらくの間，「今の言葉，目標にピッタリだね」とか「Aくんの行動，みんなも見てたよね？　目標のことを考えていたね」と伝えていきましょう。

　すると，そのうち「オレだってやってるけど……」と言い出す子が出てきます。この子をほめてしまうと，簡単に嫉妬が広がるクラスになってしまうため，肯定も否定もせず受け流すようにします。ほめるのは，他者の言動に共感できる子が出たときです。「先生，Bちゃんに『あわてなくても大丈夫』って言われて安心しました」と報告に来てくれた子がいたら，目標を意識した共感が広がっていることを喜び，報告者もほめてあげるようにします。

（川上　康則）

指示・説明・学習ルール

クラスの安全が保障される学級のルールやきまりの指導スキル

> **POINT**
> ❶常識的なことであっても，明確に示す
> ❷きまりが必要なことやその価値を伝える
> ❸習熟するまで，繰り返し伝える

　クラスには様々な子どもがいます。前項では「多様性の尊重」についてふれましたが，その一方で，集団で生活する以上はみんなが守るべきルールやきまりがあります。やるべきことができない，自分優先，和を乱す……これでは，安全で安心が保障されるはずのクラスが「無法地帯」と化してしまうでしょう。そこで，学級のルールやきまりの指導スキルについて整理しておきます。

①常識的なことであっても，明確に示す

　まず，常識的なルール，知っていて当たり前と思われるようなきまりであっても，子どもたちに「きまり」として示すことから始めます。はじめから「当然」「いちいち言わなくても当たり前」と思わないようにしましょう。
　例えば「時間を守る」ということ。これは集団での生活をする上では常識ですが，改めて教えなければ分からない子も少なからずいます。「時間を守ることは，集団生活でとても大切なことです」と明確に示す必要があります。
　そもそも，学校の職員室でも，全員が期日までに全ての必要書類が滞りなく提出されるような職場はそう多くないはずです。分かっていてもできない現実だってありますよね。

②きまりが必要なことやその価値を伝える

　次に，明確に示したきまりについて，「なぜそのきまりが必要なのか」を十分に説明し，理解させることが大切です。山中（2015）は，自分が子どもだった頃に当たり前だったのだから，今の子どもたちも分かっているだろうと思うのは危険だと述べています。近年は，価値観が多様化していることもあり，一つ一つのきまりの必要性をあえて伝えていくことが求められているのかもしれません。

　例えば前述の「時間を守ること」であれば，「時間は貴重であり，みんなを待たせることは全体のマイナスになること」や「世の中の多くの仕事には時間とノルマが設定されていること」などを伝えます。

　こうしたきまりやルールの価値を理解させる時間は，高学年・思春期の指導の際にも必要です。高学年の指導においては「価値も考えずにただやらせること」や「教師の指導に100％したがわせようとすること」は強い反発をまねきます。一方的にルールやきまりを押し付けるのではなく，価値を伝えつつ，その価値をともに考えることが大切になります。

③習熟するまで，繰り返し伝える

　その場で理解できたことも，時間が経つと忘れていくことが少なからずあります。ルールやきまりは，知識として理解させただけで終えるのではなく，身に付くまで粘り強く指導を繰り返す必要があります。学級経営は，「よき当たり前を作ること」でもあります。折にふれて，1～3までの流れを繰り返し，習熟まで子どもたちを導きましょう。

【引用・参考文献】
山中伸之著『この一手が学級崩壊を防ぐ！　今日からできる学級引き締め＆立て直し術』明治図書，2015年，pp.10-27

（川上　康則）

指示・説明・学習ルール

伝わりやすい視覚化と構造化のスキル

> **POINT**
> ❶必要な情報を，必要な場面だけ提示する
> ❷進行状況や方法を分かりやすくする
> ❸物の置き場を分かりやすくする

　情報の取捨選択の困難さや，注意を向けることに課題がある子どもたちにとっては，「視覚化」と「構造化」が有効です。

　視覚化とは，音声情報や非言語情報を，目に見える形にして伝えていくことを言います。また，構造化とは，場所や場面，スケジュールや時間，活動の内容と順序などを分かりやすく伝えることを言います。

　視覚化や構造化は，今やるべきことの理解を支援したり，学習活動への集中をうながしたりするため，クラス全体の混乱が少なくなります。

①必要な情報を，必要な場面だけ提示する

　今求められている大切な情報を，必要な場面だけ示すようにします。日常的に使われるイラストや写真はラミネーターでカバーし，マグネットをつけておくようにします。使わないときは，すぐに外します。

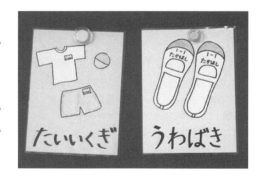

②進行状況や方法を分かりやすくする

手順表を示し,どこまでできたかを分かりやすくしたり,どこまでやれば終わりなのかをイラストなどで明示したりします。写真のように,「番号が見えるように」という具体的な指示を伝え,雑巾に番号を書き加えておくと,より多くの子どもに伝わりやすくなります。

③物の置き場を分かりやすくする

連絡帳や宿題などの日々の提出物,授業で使った教材やノートの回収の場面では,どこに何を提出すればよいかを分かりやすく示します。その際,かごや提出物ボックスを活用すると,物の置き場が分かりやすくなります。

毎日活用するボックスは,コーナーを固定化します。

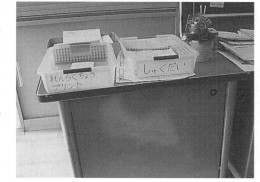

【引用・参考文献】
川上康則「学級づくり キホン⑧ 視覚からの刺激を調整しよう」,中尾繁樹編著『通常学級で使える「特別支援教育」ハンドブック これ1冊で基礎知識から実践スキルまで』明治図書,2013年,pp.85-88

(川上 康則)

指示・説明・学習ルール

クラスがうまくいく
学級経営の柱スキル（その１）

POINT
❶指導場面における４つのスキルを整理しておく
❷４つのスキルの特徴を知り，効果的に使い分ける

①指導場面における４つのスキルを整理しておく

子どもに関わる場面での指導スキルとして，以下の４つが知られています。
(1)インストラクション（指導）
(2)インターベンション（介入）
(3)コーチング（引き出し導く）
(4)ファシリテーション（促進）

これらのスキルを，四象限のマトリックスで整理したものを次頁の図に示しました。このマトリックスでは，縦軸に「集団か，個別か」を，横軸には「教師主導か，子どもの行動の支援か」をそれぞれ設定しています。

②４つのスキルの特徴を知り，効果的に使い分ける

これらのスキルは，意識的に用いることで効果的な使い分けが可能になります。それぞれのスキルの特徴を詳しく整理してみましょう。
(1)インストラクション

「インストラクション」は，教師主導で行われ，集団全体を対象とした働きかけのことを言います。狭義にはこれを「一斉指導」「全体指導」だと捉える見方もあります。前出のp.25で示した全体指導の原則の図は，インス

トラクションの際の原則であることを付記しておきます。

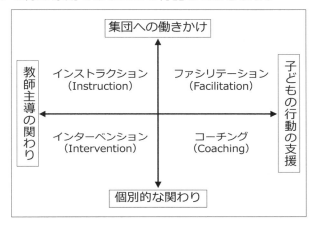

(2)インターベンション

「インターベンション」は，子どもの行動上の問題を未然に防いだり，好ましい行動を教えたりすることです。個別的な関わりであり，教師が子どもの行動に「介入」することで成立します。

(3)コーチング

「コーチング」は，近年，教育現場で重要視されるアプローチの一つです。答えを与える「ティーチング」とは対照的に，その子の内面に働きかけて答えを引き出したり，好ましい方向に導いたりするアプローチのことを言います。基本的な三つの技法として，「傾聴」「承認」「質問」が知られています。

(4)ファシリテーション

「ファシリテーション」も近年，教育現場で重要性が盛んに論じられているアプローチの一つであり，「子どもたちの学びあいを促進するスキル」とも言われています。

【引用・参考文献】
白松賢著『学級経営の教科書』東洋館出版社，2017年
川上康則「最も教えたいことを子どもたちからどう引き出すかがポイントの巻」，もしも通常学級の教師が特別支援学級の担任になったら…日記シーズン２，『実践障害児教育』2017年11月号，pp.28-31

(川上　康則)

指示・説明・学習ルール

クラスがうまくいく
学級経営の柱スキル(その2)

POINT
❶特別支援教育＝個別指導ではないことに留意する
❷学級経営の柱と対応する指導スキルを整理する

①特別支援教育＝個別指導ではないことに留意する

　特別支援教育は「個別療育」や「個別指導」ではありません。特別支援教育における指導スキルは、どうしても個別対応的なスキルが注目されがちですが、実は、一斉指導が十分にできる技量がなければ指導は成立しません。意図的に集団を育てる教師としての技量が求められると言えます。

②学級経営の柱と対応する指導スキルを整理する

　学校では「学級」という単位での集団生活が中心です。その一方で、子ども一人一人の気質や立場、家庭環境などに応じて、対応を変えることも考えられます。例えば、子どもを叱る際に、叱られることへの耐性が子どもによって異なるため、その子のレベルに合った叱り方が求められます。しかし、A君は叱って、Bさんは叱らないといった対応を取ってしまうと、学級経営の根幹が揺らぎます。たとえ対応を変えたとしても、根幹はブレないという意識を強くもたねばなりません。学級経営と特別支援教育を両立させるためには、この「根幹」がとても重要なのです。学級経営における揺らがない「柱(根幹・本質・原点とされるもの)」は、以下の3つの柱に集約されます。表では、3つの柱とそれに対応した指導スキルについて整理しました。

中心課題	具体的に指導すること	指導スキル
（1）学級に居場所がある（**必然的**な内容）	①自己と他者の人権を侵害する言動については、オンタイムで毅然と指導する ②自己と他者に敬意をもった言動を育て、あたたかい教室にする →これらを通して、一人一人を大切にする、あたたかい空間にする	インストラクションとインターベンション
（2）できることを増やす（**計画的**な内容）	①教室における「きまりごとの習慣化（ルーティン化）」 ②学習や活動・作業の「**手順の見える化**」 ③活動しやすくする「**秩序化**」 →これらを通して、秩序と信頼関係がある空間にする（※「管理－服従化」ではない）	インストラクションとコーチング
（3）みんなで学級をつくる（**偶発的**な内容）	①トラブルや予想外のアクシデントを通して**葛藤、問題解決**する ②インフォーマルな思いやり場面をとりあげて**共感**につなげる →これらを通して、折り合いをつけたり、実態によっては頑張っても難しいことがあることを知る（自律）。また自分たちのアイデアを生かせる前向きな空間にする（自立）。	コーチングとファシリテーション

⑴**学級に居場所があること＝「必然的な内容」**

　自己と他者の人権を侵害する言動をオンタイムで指導したり，敬意をもった言動を育てたりします。主に，インストラクションとインターベンションのスキルを活用します。

⑵**できることを増やすこと＝「計画的な内容」**

　きまりごとの習慣化，活動や手順の見える化，活動に向けた秩序化を目指します。主に，インストラクションとコーチングのスキルを活用します。

⑶**みんなで学級をつくること＝「偶発的な内容」**

　トラブルやアクシデントを通して葛藤したり，問題を解決したりします。主に，コーチングやファシリテーションのスキルを活用します。

【引用・参考文献】
白松賢著『学級経営の教科書』東洋館出版社，2017年
川上康則「子どもたち同士が学び合う姿があるからこそ，学校であり学級」の巻，もしも通常学級の教師が特別支援学級の担任になったら…日記シーズン2，『実践障害児教育』2017年10月号，pp.28-31

（川上　康則）

学習の調整

気が散りやすい子も集中が続く 15分に1回は動く授業スキル

POINT
❶ 45分授業を15分×3ブロックで考える
❷ 1ブロックごとに、動きを取り入れる

①45分授業を15分×3ブロックで考える

　45分間，ずっと座って話を聞く時間は，大人でもしんどいものです。発達途上の子どもたちには，もっとしんどい時間だろうと簡単に想像できます。動き出す子は素直にしんどいことを教えてくれています。じっと座っている子ですら頭の中は違うことを考えて何とかその場にいようと頑張っています。

　授業の単位時間は45分ですが，15分を一つの区切りとして考えてみましょう。国語なら①音読・感想を書く，②本時の課題，③漢字練習，算数なら①助走問題，②本時の課題，③練習問題等のように，大まかな時間配分として考えます（表1参照）。

　低学年の場合は，①5分，②10分，③10分，④10分で考えることもあります。クラスの子どもたちに応じた時間で，区切りを考えてみてください。

表1　一時間の流れの案

	国　語	算　数	学　活
①〜15分	音読・感想を書く	百玉そろばん	ゲーム
②〜30分	本時の課題	本時の課題	SSTロールプレイ
③〜45分	漢字練習	練習問題	まとめ

② 1ブロックごとに，動きを取り入れる

　ずっと座っておくことのしんどさを理解したら，授業に参加しやすくするために，1ブロックごとにどんな動きを取り入れるかを考えていきます。

表2　流れに動きを書き足した案

	国　語	算　数	学　活
①〜15分 （休み時間から帰ってきた子から参加できるもの）	〈音読〉 ・立って読む（運動場側⇒後ろ…座る） ・感想を書く ・ポイントを板書	〈百玉そろばん〉 順唱・逆唱・2とび… 隠し玉・さくらんぼマジック（繰り上がりの足し算）	〈ゲーム〉 ・よろしくジャンケン（相手と握手して，ジャンケン。負けたら色画用紙で作ったカードを渡す。）
②〜30分	〈本時の課題〉 ・感想を隣と班で共有⇒付箋に書く⇒発表（似ている意見の近くに付箋を貼る）	〈本時の課題〉 ・繰り上がりの引き算のやり方（さくらんぼマジックパート2）	〈SSTロールプレイ〉 ・どうぞ ・ありがとう ・実演
③〜45分	〈漢字練習〉 空書き・背中に書く・お尻で書く・指書き・ドリルに書く・おかわりプリント	〈練習問題〉 ・おかわりプリント	〈まとめ〉 ・感想を書く ・隣に伝える ・班で共有 ・動いて話す

　動き方は様々。意図的に動いてもいい機会をつくることで，集中して取り組める時間をつくっていきたいと考えています。

　　　　　　　　　　　　　　　　　　　　　　　　　　　（後藤　幸子）

学習の調整

どの子もやる気がUPする「おかわりプリント」作成スキル

> **POINT**
> ❶練習課題をノートより一回り小さく切る
> ❷教室のあちこちに置く

①練習課題をノートより一回り小さく切る

　教室の中には，いろいろな学力の子がいます。学び方も様々です。計算をゆっくりと考えることが必要な子もいれば，次々に解くことが楽しい子もいます。漢字の学習では，丁寧に書きたい子もいれば，少し雑ですが何度も書くことで記憶に残そうとしている子もいます。

　練習の時間に，それぞれに応じた課題を選んで取り組むこと，それぞれが集中している間に支援が必要な子へ個別のかかわりができることを目的として取り組みます。さらに，プリントを取りに動くこともできるので，その分，じっとしておくことが難しい子も，集中して取り組むことができます。

　準備は，①全員クリアしてほしい課題の厳選，②ポイントを明確にした練習課題のプリントを作ることです。

　①は本時で一番大事にしたい課題を絞ります。その問題や漢字については，全員で確認し，教師が確実にチェックしていきます。

　②は練習課題のプリント作成です。算数では，その時間に練習してほしいポイントを絞って作ります。漢字では，大きめのマス，小さめのマスで用意します。普段使っているノートに，練習課題を書き込み，印刷します。それをノートより一回り小さく切ります。さらに1問ずつに切ります。

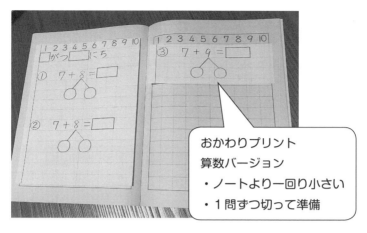

おかわりプリント
算数バージョン
・ノートより一回り小さい
・1問ずつ切って準備

②教室のあちこちに置く

　①の課題をみんなで確認した後,練習時間のスタートです。ポイントをしっかりとチェックしやり直しもします。そして,できたことをほめるのです。

　さて,終わった子から「おかわりプリントタイム」です。教室のあちこち(配膳台の上・オルガンの上・水槽の前・後ろのロッカーの上等)に置いておきます。自分で取って,座って解いて,また取りに行きます。終了時間を決めておいて,それぞれが課題に取り組む時間を作ります。

　軌道に乗るまでは,課題のポイントや選び方,それぞれの動き方(静かに動く・友達の机にぶつからないように動く等)を確認し,その動きを頑張っている子を認めていくことが必要です。やることが分かってしまえば,「よっしゃ!」と言って,どの子も集中して取り組む時間になります。

　授業終了の5分前には終わりです。たくさん解いた子,丁寧に書いた子等,それぞれの頑張りを認めます。それをノートに貼って貼り終わったら休み時間です。ですので,ノートより一回り小さく切っておくのがポイントです。たくさんできた子の方が最後は大変です。でも,そこを認めていくことで,嬉しそうにプリントを貼る姿が見られると思います。

(後藤　幸子)

学習の調整

学習へ向かう力を付ける すきま時間活用スキル

POINT
❶作戦を考える(伸ばしたい力を楽しく!)
❷どんどんやってみて,改善する

①作戦を考える(伸ばしたい力を楽しく!)

　クラスの子どもたちの学習へ向かうための力(座る,立つ,じっとする,机の上や中・横を整理する,話を聞く,教師の見てほしいところを見る,書く,読む,話すなど)は,十人十色,一人一人全く異なります。教科指導をするだけで,授業時数はいっぱいですが,その学習を支える力(レディネス)を同時に伸ばしていくことが,結果として教科学習の底上げにつながります。実際には,授業のすきま時間を徹底的に活用していきます(表1Ⓐ)。

　さて,今年の子どもたちのどんな力を伸ばしていきたいでしょうか。子どもたちを見て,「〇〇な力を伸ばしたい」と作戦を考えます。

　次にその力をつけるために,どんなことをするか考えます。さらに,そこへ遊び心をプラスし「楽しい」要素を付け加えます。子どもたちにとっては,楽しいことでいいのです。楽しいことをしているうちに,力がつくからです(表1Ⓑ)。

②どんどんやってみて,改善する

　考えたら,すきま時間を見つけて(作って),どんどんチャレンジします。子どもたちの反応を見て,いいところはさらによく,反省点は改善します。

だめだと思えば，思い切ってやめます。そうした小さな取り組みの積み上げが，子どもたちの学習へ向かうための力に結び付いていきます（表1Ⓒ）。

表1　すきま時間活用作戦！例

Ⓐ伸ばしたい力	Ⓑどんなこと（＋楽しさ）	Ⓒ改善点
・ぐっと踏ん張る力	・ハイタッチ（＋笑顔，声，高さ）	・喜んでする。徐々に高くすると，ぐっと足で踏ん張っている。休み時間，うれしいことがあったとき等続ける。
	・朝の会後の体操でソーラン	・毎日続けることで，大きく変わった。さらに自信をつけて続ける。
・担任，友達の話を聞こうとする力	・ステレオゲーム	・楽しんだ。楽しすぎて隣のクラスへの配慮。
	・伝言ゲーム	・聞き間違いを楽しめる雰囲気も大切に。必死で聞こうとする姿をほめる。
	・口パク	・最初はゲーム。時々不意打ちでも楽しめた。
・ひらがなの形をとる力	・粘土でひらがなづくり	・出し入れに時間がかかるので，雨の日に。⇒発展：ひらがなクッキーづくり

　考えているだけで，わくわくします。ぜひ，子どもたちとたくさん楽しみながら，学習を下支えする力を伸ばしていきましょう。

（後藤　幸子）

学習の調整

ちょこっと集中しやすくなる スペシャルお助け道具スキル

> **POINT**
> ❶鉛筆グリップを様々に活用する
> ❷「見る見るカード」を活用する

①鉛筆グリップを様々に活用する

　子どもたちの鉛筆の持ち方に着目してみましょう。実に様々です。正しく持てている子がクラスにほとんどいない場合もあります。鉛筆の持ち方から読み取れることは，その子の体の使い方や育ちに何らかの凸凹があるのではないかということです。ひとまず，その器用な持ち方で必死で字を書こうとしている子どもたち，と捉えておきたいと思います。ここでは，鉛筆グリップの別な側面の活用について紹介します。

　図１で紹介した様々なグリップは，気が散りやすい子どもたちが，ちょこっと集中するときに役に立つグッズにもなるということです。気が散りやすいながらも，頑張っている子と個別に話し，「頑張るあなたを応援するグッズだよ」と伝えていろいろと感触を体験してもらいます。もしも，その子にとって「なんかいい！」と思えるものがあればラッキーですね。授業中に，ふっと気持ちがそれそうになったとき，鉛筆をぐっと握ってみると，その感触で少しでも集中できたと本人が思えたら，最高です。ぜひほめたいポイントです。これは，周りの子へは，秘密でもいいですし，「上手に持てるようになりたい」ということにしようねなど，本人と考えておくといいと思います。

　ちょっぴり秘密のちょこっと集中グッズです。

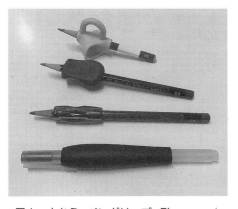

図1 上から，ペングリップ，Firesara／持ち方矯正グリップ ペンシルグリップ，米国製，ジョイビジョン取扱い／プニュグリップ（右手用，左手用），クツワ／ピラー グリップ ソフト，イマオコーポレーション

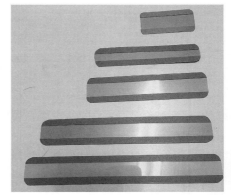

図2 リーディングヘルパー「見る見るカード」（クリアホルダーとマスキングテープで作成）

②「見る見るカード」を活用する

　クリアホルダーとマスキングテープを使って，リーディングヘルパーを作りました（図2）。教科書を見るときに目で文字を追うのが難しそうで，行が飛んでしまう子や，計算ドリルをしていて，ノートに書くと毎回「次どれだったかな」と探す子に，これを使いました。今見る場所がすぐに分かるので，行や問題を探す時間とイライラが省け，ちょこっと集中できるようです。（見る見るカードは子どもが名付けました。親しみやすい名前にしてください。）
　また，クリアホルダーの色も，それぞれに見やすい色があるようです。その子の好みの色で，見やすさが体験できるといいなと思います。見るのが不器用な子どもたちはこのグッズを上手に使うのも，始めは難しいことが予想されます。まずは，個別指導のときに，手伝いながら使ってみるといいと思います。

（後藤　幸子）

学習の調整

どこかに隠れている子どもたちのやる気スイッチを押すスキル

POINT
❶あらかじめ,ほめるポイントを考えておく
❷ほめるバリエーション,あの手この手を試す

①あらかじめ,ほめるポイントを考えておく

　毎日の授業を考えるとき,子どもたちのどんな表情が思い浮かびますか？気になる子は笑顔でしょうか。もちろん,教材研究・指導方法も子どもたちの「分かった！」の笑顔を引き出すために重要です。どんどん学びたいです。ここでは,子どもたちの笑顔のために,チャイムが鳴った瞬間からできる取り組みを紹介します。それは「ほめる」ことです。

　チャイムが鳴りました。第一声は何を言っていますか。「廊下は走らなーい」「すぐに座ります」……ついつい言いたくなる言葉です。なので,あらかじめほめるポイントを考えておきます（表1）。そして,その子を見つけてほめます。思わずにっこり,気持ちのいい授業のスタートです。

表1

授業開始からの時間	子どもの活動	ほめポイント
0分	・教室へ帰ってきた子から音読する	・早い・いい声・机の上がきれい ・いい姿勢（足,背中）
5分	・本時のめあての確認 ・プリント配布	・声がそろった・よく見ている ・丁寧に渡せた・「どうぞ」が言えた

②ほめるバリエーション,あの手この手を試す

　ほめるということは,「あなたのことを認めていますよ」というメッセージ。子どもも大人も嬉しいものです。年齢,特性等,人それぞれほめられて嬉しいポイントがあるものです。そのポイントがその子のやる気スイッチです。どこに隠れているのか,あの手この手で探していきましょう。うまく見つけて押せたときの,何とも言えない嬉しそうな表情,ぜひたくさん見てください。

表2　ほめるバリエーション,あの手この手

場所・時間	方法	準備等
授業：全体 　　　机間指導	・指示をしたらほめる ・口パク・指でOKマーク ・赤鉛筆でいいポイントに〇 ・肩にタッチしてほめる	・ほめポイントを考えておく ・些細な事を大切にほめる
休み時間	・いいところを付箋にメモ	・付箋→放課後個人のページに貼り付ける(懇談会,所見を書くときに役立つ)
学級活動 おわりの会	・友達のいいところを書いて渡す(パーソナルポートフォリオ,なかまカード)	・付箋 ・カードの準備 ※書いた内容は必ず確認
日記	・その子の考えや行動のいいところを返事で伝える	・本人に了解をとって,紹介することも
学級通信	・B5サイズで読みやすく,たくさん発行	・パソコン,手書き,得意な方法でタイムリーに発行
こっそり	・本人にこっそりほめる ・他の先生に伝えてもらう(陰ほめ)	・どの子にも作りたい時間 ・担任同士で打ち合わせしておく場合もあり

(後藤　幸子)

学習の調整

忘れ物の多い子を叱らずにすむ教室常備文房具スキル

POINT
❶普段の学習に使うものを一式準備する
❷借り方の約束を確認し，近くに掲示する

①普段の学習に使うものを一式準備する

　毎日使う学習用具ですが，事情はどうであれ，忘れてしまうことは誰にでもあります。特に課題のある子どもたちにとっては，物の管理はなかなか難しいことです。積み重なるとついつい叱ってしまいがちですが，これがあると，子どもたちもほっとでき，教師にも余裕ができます。また，忘れ物という叱ってしまいがちな場面をほめる場面にすることもできます。

　普段の生活に使うものをリストアップし，準備できそうなものを考えましょう。私は，書類トレーとレターケースを用意しました。書類トレーには，連絡帳と各教科で使うノートのコピーと白紙を入れました。レターケースには，鉛筆・赤鉛筆・消しゴム・定規・分度器・筆箱一式・のり等を入れました。教師の名前も書いておきます。それらを教師の机の近くに置いておきました。困ったときには，「どうぞ」とすぐに貸すことができます。こんな日常のやり取りこそ，子どもたちが見て学んでいることだと思います。

②借り方の約束を確認し，近くに掲示する

　「○○を忘れました。貸してください。」と言いにくるという約束も大切ですが，子どもたちの実態によっては，毎時間全てのものについてそれを言わ

なければいけない子もいます。そんなときは,「ここからそっと取って準備したらいいよ。」でもいいと思っています。子どもたちの実態に合わせて,約束も考えていけたらと思います。

　そこで,大切にしたい約束を近くに掲示しておくと,とても分かりやすいです。

　忘れ物をしたことを叱るよりも,大切にしたいことがあります。それは,「先生,ありがとう」と言って返す子,鉛筆を削って返す子,ノートに翌日貼って持ってきた子,そこをさっと整頓してくれた子の気持ちや言動です。

　きっと「しまった」と思ったことでしょう。でも,ちょっとでもほっとできていたらいいなと思います。その気持ちがきっと友達への優しさにつながり,温かい学級をつくる力になると考えます。

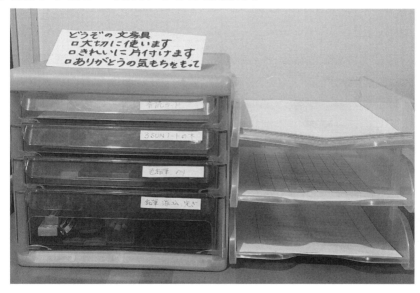

（後藤　幸子）

国 語

話すことが苦手な子もスピーチができる毎日のスキル

POINT
❶話す場面や相手を変えて話すことに慣れる
❷話す題材を自分で見つけられるように配慮する

①話す場面や相手を変えて話すことに慣れる

①テーマトーク

　帰りの会では班ごとにテーマを決めて話させます。「～が好きです。どうしてかというと～だからです。」等の簡単な話す型を示しておきます。テーマは，好きな友達，一番面白い家族は，など子どもたちが興味をもつ話題でよいのです。テーマを小さい画用紙に書いて，はじめに話す子どもたちの班の机に貼っておきます。帰りの会の「班のお話」のときに子どもたちはそのカードを持ちながら話します。友達の好きな遊びや面白い家族のことなど，聞き手の子どもたちも興味をもって聞きます。話し終わったら，次の班の机にカードを貼っておきます。そうすることで明日は自分たちの班が話すことが分かり，何を話したらよいか考えてくることができます。事前に話す内容を考えさせ，皆の前で発表し，それが成功する体験が積み重なることが大切です。

②コーナートーク

　低学年の子どもたちは口々に「先生，聞いて，聞いて。」と話しかけてくることが多くあります。その気持ちを大切にしたいと考え

ています。帰りの会のお話コーナーのときに話したい子どもを教室の四隅に行かせます。聞きたい子はその周りに集まって座ります。休み時間に楽しかったことなどを話し手の子どもが話します。これで子どもたちの話す意欲を育てることができます。また自分の話を聞いてほしいという子どもたちの気持ちも満足させることができます。

❷話す題材を自分で見つけられるように配慮する

①言葉コーナー

　子どもたちの語彙を増やす場面を意図的に作る必要があります。そのために朝の会で「言葉コーナー」をします。１年生であれば「小さいつの付く言葉」「ぱの付く言葉」など習った文字を使って言葉を作ります。その作った言葉を学級全員が順番に発表していきます。２年生以上なら新出漢字「馬の付く言葉」や同音異義語を使った言葉など学習に合わせて工夫できます。最初は言葉を作るだけですが，それを文章にしていくと子どもたちの語彙が増えます。低学年の言葉コーナーでは，オルガンのリズムマシーンの８ビートに合わせてラップ風に言葉を言わせても，子どもたちはとても喜びます。楽しみながら自然と語彙を増やしていきます。

②**話す題材を集める**

　「〇〇ちゃんの１日」というお題で，学級全員で〇〇ちゃんの１日の出来事を想像してもらい，それを各自フラッシュカードに書きます（〇〇ちゃんは小学生になった担任という設定にすると盛り上がります）。子どもたちが書いたフラッシュカードを全て黒板に貼り，みんなでニュースになるもの，ならないものに分けていきます。何気ない日常の中にもたくさんニュースがあることに気付かせます。その授業が終わったら，ニュースを書くフラッシュカードを教室の後ろに置いておきます。ニュースを見つけた子どもが自由にフラッシュカードにニュースを書き，後ろの黒板に貼っていきます。１週間でたくさんのニュースが集まることに子どもたちは驚きます。カードが増えて達成感があるので子どもたちは喜んで取り組みます。

（中尾　恵美）

国 語

発表が苦手な子も話せるようになる ペアトークスキル

POINT
❶ペアトーク虎の巻でペアトークの仕方を知る
❷教師がペアトークの必要な場面を授業の中で選ぶ

① ペアトーク虎の巻でペアトークの仕方を知る

①虎の巻

虎の巻を全員で音読し，ペアトークの仕方を確かめます。

ペアトークでは相手の意見に共感し，認めた上で自

〈虎の巻〉
その１　相手の話を最後まで聞く。
その２　〜のところが同じです。でも理由は違います。わたしは…
その３　〜もいいですね。でもぼくは…と思います。

分の意見を言うようにさせます。ペアの相手に共感してもらうことで話し手は安心して自分の意見を述べられるようになります。ペアトークをするときに，教師は必ず話すのが苦手な子のそばで支援をします。「『〜がいいですね』だけでもいいよ。言ってごらん。」と最初は相手の意見に賛成，反対を述べるだけでもよいことを知らせます。教師はモデルになるペアを見つけ，その子たちに皆の前でもう一度ペアトークをさせます。友達のペアトークを見ることで少しずつペアトークの仕方が分かってきます。ペアトークをもう一度皆の前でしてみせると，具体的なイメージが分かりにくい子どもにはペアトークの仕方が分かりやすくなります。ペアトークをすると他の子の意見を聞くので，自分の考えにも広がりができます。子どもたちが，友達はこん

な考え方をしているんだ，自分とは違うけれどその考え方もいいなと思えることで学習する楽しさが実感できます。
②ペアトークの相槌の打ち方
　「ペアトークのさしすせそ」と相槌の仕方を教室に掲示しておきます。

> ㋐すがだね
> ㋛らなかったよ
> ㋚ごいね
> ㋞いかいはそれだね
> ㋜うだったんだ

②教師がペアトークの必要な場面を授業の中で選ぶ

①皆に考えさせたい課題のときにペアトークをする
　例えば１年生の「たぬきの糸車」の学習で子どもが「最後にたぬきが白い糸を山のように積んだのは，わなから逃がしてくれたおかみさんにお礼が言いたかったからだと思うよ。」という発言に対して「○○さんはこう言ってるけど，皆はどう思いますか。ペアトークしてごらん。」と発問します。子どもたちは「たぬきも寂しかったから。」「糸車を回すのが楽しくなってきた。」「おかみさんがするのを見ていて糸車を回してみたくなった。」とたくさんの意見を発表します。ペアトークをすることで見方が広がり，考え方も深まります。それを皆で共有することが物語教材を読む楽しさにつながります。
②皆に広めたい課題のときにペアトークをする
　２年生「スーホの白い馬」の白馬が死んでいく場面で「スーホの気持ちが分かる言葉を探してペアトークをしよう。」と発問します。スーホの会話文を取り上げる子ども，スーホの行動を取り上げる子どももいます。ペアトークをしながらも子どもたちは何度も教科書の文を読んでいます。そうすることでその場面の様子が鮮明になり，よく分かるようになります。教師がペアトークを今，何のためにさせているのかを明確にして行うことが大切です。

（中尾　恵美）

国 語

作文の題材を見つけることができる お話バッグ教材の作成スキル

POINT
❶お話バッグのカードを使ってゲームをする
❷気持ちカードを作り語彙の少ない子どもに配慮する

①お話バッグのカードを使ってゲームをする

①お話バッグの中にカードを入れる
- あそんだよ
- おいしかったよ
- みつけたよ
- できるようになったよ
- すごくはらがたったよ
- きれいだったよ

②子どもたち一人一人が,自分が引いたカードの話をする
　「逆上がりができるようになったよ。うれしかった。」など短い文で話してよいことにする。
③グループでゲームのようにして行う
　グループごとにお話バッグを渡し,中のカードを子どもが引く。自分が引いたカードの話をする。友達の話にグループの子が質問をする。「逆上がりは誰と練習したの。」「お父さんだよ。」など少しずつ話の内容を広げるようにする。
④学級全体でお話バッグゲームをする

話す内容は短くてよいことを伝え，気軽に取り組めるようにする。
今話したことが作文の題材になることを教える。

②気持ちカードを作り語彙の少ない子どもに配慮する

　作文を書くことが苦手な最大の理由は語彙の少なさです。子どもが「昨日は楽しかった。」と言って「それでどんなことが楽しかったの。」と聞いても「どうぶつえん。」「きりん。」と単語で答える子どもが多くいます。気持ちカードを30枚ぐらい作り，黒板に全て貼ります。絵がついている方が視覚的によく分かります。「作文を書いているときに困ったらこのカードの言葉を使ってもいいよ。」と伝えておきます。「ほっとした。」「しんぞうがどきどきした。」等たくさんのカードを貼っておきます。作文を書いている途中に書けなくなっている子どもには，一緒にカードの前に行き，「この中でぴったりの気持ちはどれかな。」と子どもにカードを取らせます。それから，「先生にその時のことを少し，お話ししてくれるかな。」と二人で話します。「今，口で言ったことをそのまま書いたらいいんだよ。もしつまったらまたおいで。」と指示して続きを書かせます。自分の気持ちを言葉で表現することが苦手な子どもには，このカードの絵が助けになります。カードの絵を見て自分の気持ちに近い言葉を選ぶようにさせます。絵と言葉が同じカードの中にあるので視覚的に分かりやすく，子どもは簡単に自分の気持ちにぴったりなカードが探せるようになっていきます。

（中尾　恵美）

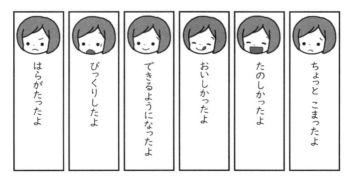

27 作文が苦手な子も進んで書ける学級文集作成スキル

国語

> **POINT**
> ❶教師と対話しながら作文を書く
> ❷学級で一枚文集を読み合い題材を広げる

①教師と対話しながら作文を書く

①子どもたちに１週間前に作文を書くことを予告します。子どもたちには書きたいことを探しておくように指示します。

②後ろの黒板に作文の題名の一覧表を貼っておき，題名が決まったら記入させます。なかなか題名が決まらない子どもには個別に話を聞きます。休み時間や給食の時間など少しの時間にその子どもの興味がもてそうなことを話題にします。「昨日お兄ちゃんとケンカしたよ。」「そう大変だったね。でもそれ作文に書いてみたら。」など日常のささやかなことが題材となることを話します。作文を書く前に全員が「書くことがある。書きたい。」と思えるようにしておくことが大切です。全員の題名がそろったら作文を書きます。学級全員の題名表があることで友達がどんな題名で作文を書こうとしているのかが分かります。

③作文を書きます。教師は子どもの間を回って作文が書けずに困っている子どもに声をかけます。書き出しの部分だけを「最初はこんな風に書いたらどう？」と教えると書き始めることができる子どももいます。

④全員が書き始めたら教師は机に座り，「なんでも相談コーナー」の札を立てます。途中で作文が書けなくなった子どもがきたときは「そのときのこと

を先生にもお話ししてね。」と様子を話させます。「話したことをそのまま書いたらいいよ。」と教えて書かせます。それでも書けない子どもには「口で言ってごらん。先生が言った通りに書くからね。」と子どもが言った通り薄く鉛筆で作文用紙に書きます。それから文字をなぞらせます。最初は一行ごとに聞きにくる子どもがいます。何度か繰り返すうちに三行ぐらい自分で書けるようになります。そのときにたくさんほめるようにします。最初はほとんどなぞり書きだった子どもも自分で書けるようになります。高学年でも教室の中を回って周りの子どもに配慮しながら，その子どもと対話して作文を書かせます。高学年でも書けない子には，最初は教師と対話して話したことを原稿用紙に薄く書き，その上からなぞらせます。何度か書いてやっているうちに，自分で作文が書けるようになってきます。子どもたちは一定の語彙がその子の中に定着するまで，書き言葉としての作文は難しいと考えます。話すことはできるのでそれをそのまま書き言葉にしていく手助けを教師がしたらよいと考えています。

②学級で一枚文集を読み合い題材を広げる

　作文を書くたびにいくつか選んで印刷し，一枚文集を作ります。一枚文集は帰りの会に読み合います。子どもが読んでもいいし，低学年なら教師が読んでもよいでしょう。友達の作文でいいなと思うところを発表させます。一枚文集に載った子どもたちは皆からほめられるのでとても嬉しい気持ちになります。例えば，友達の家でザリガニを飼っていることが学級全体で共有され，子どもたちの心のつながりが生まれます。「○○ちゃんに逆上がりを教えてもらって嬉しかった。」などと名前が出ると，作文に登場した子も笑顔になります。友達の作文を読むことで「こういう風に書いたらいいのか。」「作文は思ったより簡単だ。」「こんな題材で書いたらいいのか。」と子どもたちに思わせたら大成功です。子どもたちは自分の作文が一枚文集に載ることを楽しみにしていました。書いた作文がすぐに評価され，ほめられ，そこに自分の存在が感じられるのが一枚文集です。

（中尾　恵美）

国語

苦手な子も詩を書けるようになる詩の本作成スキル

> **POINT**
> ❶言葉遊びをする
> ❷詩の本を作る

①言葉遊びをする

　短い文で思ったことが表せるように様々な場面で言葉遊びをします。
① AIロボットの耳に取り替えよう
　「今から皆さんの耳をAIロボットの耳に取り替えますよ。水の音を聞いてみましょう。」と言って教師がバケツの中にコップから水を入れます。「ボトボトと聞こえた人。それはまだ人間の耳ですね。AIロボットの耳は聞こえたとおりに言葉にしますよ。聞いてごらん。」また，水を注ぎます。「ロボットの耳で聞こえた人。」「僕はボロビチビチャンと聞こえた。」など子どもたちは聞こえた音をそのまま言葉にしようとします。子どもたちは面白がって，どんどん音の言葉を集めていきます。
②虫の目になってみよう
　「小さな虫になったつもりで葉っぱを見てみましょう。どんなものが見えますか。」と言って実際の葉を子どもたちに一枚ずつ持たせます。「葉の色が真ん中と外側は違うよ。」子どもたちは，じっと見つめていると普段とは違うことを発見します。そこで発見したことを書いていきます。
③〜みたいゲーム
　雨が降った日に校庭に出かけます。「鉄棒のところよく見てごらん。〜み

たいなものが探せるかな。」と教師が聞くと「すごい。水のしずくがコウモリみたいだよ。」など子どもたちは発見したことを口ぐちにつぶやきます。何かを他のものに例えるのは，比喩表現の練習になります。

②詩の本を作る

①教室に詩人が書いた詩の本を40冊置いておきます。図書の時間を使って詩の本を読み，好きな詩を探して自分の名前を書いた付箋を貼らせます。
②たくさん付箋を貼った詩の本の中で好きな詩を１つ選び，視写します。最後にここが好きだという感想を一言だけ書きます。
③視写した詩を学級全員の前で音読し，感想を発表します。このときに35人の学級であれば35編の詩人の詩に子どもたちは触れることができます。また声に出して読むことで詩の言葉の持つリズムにも慣れてきます。
④次は子どもが書いた詩の本（児童詩）を40冊用意し，同じように付箋を貼ります。好きな詩を１篇視写し，皆の前で発表会をします。児童詩をたくさん読むと子どもたちは，「これなら僕にも書けるよ。」「これと似たようなけんかなら僕もしたな。」など詩を書くことに抵抗がなくなってきます。
⑤子どもたちが自分で詩を書きます。詩を書く時間には用紙を何枚も用意して，何篇でも書いてよいことを知らせます。
⑥学級で自分の書いた詩の発表会をします。友達によかったところを言ってもらいます。
⑦詩の本を作ります。視写した詩人の詩と児童詩，言葉遊びで書いた短い詩，自分で書いた詩をまとめて本にします。最低でも８ページ以上の本が出来上がります。製本して表紙を作り，イラストを入れ，題名をつけます。
⑧出来上がった35冊の詩の本を教室の後ろに表紙が見えるように置いておきます。子どもたちが友達の詩の本を気軽に手に取って読めるようにします。

　詩の本を作る過程で，子どもたちは何度も詩を読みます。好きな詩を探すために少しの時間を見つけては，詩の本を読むようになります。詩を何度も音読することで，言葉のリズムや響きが自然と分かってきます。（中尾　恵美）

国 語

苦手な子も音読が好きになる 音読カード作成スキル

POINT
❶子どもたちが楽しめる音読カードを作成する
❷音読発表会をする

①子どもたちが楽しめる音読カードを作成する

①音読は単元ごとに目標が違うので単元ごとに音読カードの内容を変えます。例えば１年生「くじらぐも」では，目標が「場面の様子について登場人物の行動を中心に想像を広げながら読むことができる。」なので「くじらとこどもたちのようすが分かるようによもう。」というカードを作ります。読んだ後は家の人に一言感想を書いてもらうようにします。家の人からもほめてもらうことで子どもたちは喜んで音読するようになります。説明文の場合はチェックリストにします。「みんなに聞こえる声で読むことができたか」「，と 。に気を付けて読んだか」「言葉のまとまりごとに読むことができたか」「ゆっくりと読むことができたか」等を毎日チェックします。１年生の「じどうしゃくらべ」であれば自動車の塗り絵にします。毎日できたことが目に見えて分かるようにします。単元の終わりには教師がその子どもの音読の良いところをカードに書き込みます。単元のめあてにあったカードを工夫して作ると，子どもたちは進んで練習に取り組むようになります。カードに毎日書き込むことで成果が視覚的に分かり，練習の達成感が感じられるようになります。子どもの音読への教師のコメントも子どもたちは心待ちにするようになります。また，カードを台紙に貼って，カレンダーのように新しい音読

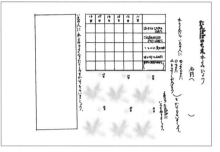

カードを上に貼っていくと,一人一人の大切な記録になります。

②授業では教材をいくつかの意味段落に分け,事前に子どもたちには授業中に自分がどこを読むのかを知らせておきます。毎日の国語の学習の中では教材の全文を読んでいるので,単元が終わるころには全員の子どもが指名され,音読をしています。「明日は○○さんから読みますよ。」と声をかけておくだけで子どもたちは一生懸命練習をしてきます。そして音読したときには必ず教師が,「会話文の読み方がいいね。」「読む速さがとてもいいね。」など一言ほめるようにします。教科書の一部分をまず正確に読めることが自信につながり,音読の好きな子どもになります。

②音読発表会をする

単元の終わりには必ず音読発表会をします。物語文だけではなく,説明文でも発表会をします。例えば2年生「スーホの白い馬」では,①好きな場面ごとにグループを作り,グループごとに一人ずつ音読をする。自分の感想も一言いう。②友達の音読を聞き,感想を言うなどをします。

35人の学級だと35人が一人ずつ好きな場面を音読します。友達の音読の声を大切にしゆったりとした時間がとても大切だと考えています。子どもたちは友達の音読を聞き,読むときの姿勢,声の大きさ,気持ちを込めた読み方などに気付いていきます。音読発表会の日は予告しておきます。発表会に向けて子どもたちは家で音読していました。友達の音読のよいところを見つけることがポイントです。

(中尾　恵美)

苦手な子も読むことを楽しんで取り組める言語活動作成スキル

国語

POINT
❶単元にあった言語活動を選ぶ
❷単元を貫く言語活動を指導計画の中に位置付ける

①単元にあった言語活動を選ぶ

　この単元で子どもたちに付けたい力は何なのかを考え，付けたい力の指導事項と結び付く言語活動を選びます。
・紙芝居………………場面の様子を読み取らせたいとき。「たぬきの糸車」
・ペープサート，劇…登場人物の行動を分からせたいとき。「スイミー」「おむすびころりん」「三年とうげ」
・パネルシアター……登場人物の変化を楽しむ。「おおきなかぶ」
・本の紹介……………並行読書。「お手紙」「やまなし」
・パンフレット………説明文を短くまとめて書く。「どうぶつえんのじゅういさん」
・説明書づくり………説明文を書く。「ウナギのなぞを追って」
・俳句をつくる………読み取ったことを俳句で表現する。「ごんぎつね」

②単元を貫く言語活動を指導計画の中に位置付ける

●指導計画を立てる
　２年生「スーホの白い馬」を例にして具体的な言語活動を以下に示します。
○第１次：単元を貫く言語活動を子どもたちが見通せるようにする。

スーホの白い馬のペープサートを教師が行います。そうすることで子どもたちが言語活動をイメージしやすくなります。また自分たちもやってみたいという意欲を育てることができます。そのあと学級全体でペープサートをするためにはどうすればよいかを話し合います。まずペープサートを誰に見せたいのかを考えます。例えば１年生に見せるのであれば，教材文をどのぐらいの速さで読んだら場面の様子がよく分かるのかなどを考えます。場面の様子をよく分かるようにするために，自分たちで教科書の本文にはない台詞をつけ足したり，スーホと白い馬の行動をペープサートで分かりやすくしたりするにはどうすればよいのかを子どもたちと話し合います。言語活動が発表会のためにあるのではなく，教材を読み取っていくためのものであることを分からせていきます。単元の学習活動の流れを教室に掲示しておきます。

○第２次：スーホと白い馬の行動を想像を広げながら読もう

　スーホの行動から分かる心情や白い馬とスーホの心のつながりを読み取っていきます。読み取ったことを毎時間ペープサートで動かしてみたり，台詞を付け加えたりして確かめます。それをまとめたものが第３次の発表会になります。教室に掲示してある単元の流れの表で，今どの学習をしているのか確認しながら進めていきます。

○第３次：１年生にスーホの白い馬のペープサートを見せよう

　１年生に見せるためには本文をどのように読めば，場面の様子が伝わるのかを考えてグループで練習します。会話文の読み方は，どのように工夫したらよいのか，白い馬のペープサートをどのように動かせば様子がよく分かるかなどもグループで考えさせます。ペアのグループを作り，アドバイスをしながら練習します。ペアのグループのペープサートを見ることを通して，子どもたちは，自分たちもどのように練習したらよいのかが分かってきます。１年生にスーホと白い馬のペープサートを見せます。学習の振り返りをします。

　単元を貫く言語活動をするために子どもたちは何度も何度も教材文を主体的に読んでいきます。また読み取ったことを相手に伝えるためには，どうしたらよいかを考えながら学習を進めることができます。

（中尾　恵美）

国 語

書くことが苦手な子も書ける ノート指導スキル

POINT
❶教科書の視写を毎日する
❷視写した文の次に自分の感想を書かせる

①教科書の視写を毎日する

　教科書の教材文で大切だと思う部分を教師と一緒に視写します。ゆっくりと教師が声に出しながら板書します。「書き終わったら先生と一緒に鉛筆を置きます。」と言いながら子どもたちと一緒に，ゆっくりと丁寧に書いていきます。子どもたちは黒板を見ながら，耳で聞きながら視聴写していきます。最初は学級で一番ゆっくりな子どものペースに合わせて書きます。教師は，書きながら言葉のまとまりごとに読み，言葉のまとまりを意識させます。毎日の国語の学習の中でノートに視写する活動を必ず位置付けるように授業を計画します。2か月もすると学級全体の子どもたちの視写する速度がそろってきます。慣れてきたら子どもたちは聴写だけでも正確に書けるようになってきます。そして言葉の力は確実につきます。低学年では，拗音，撥音，かぎかっこや句読点の指導にもつながります。良い文章を少しずつ毎日視写することが語彙を増やす第一歩です。最初は一文字ずつノートに写していた子どもも慣れてくると言葉のまとまりごとに文章を書くことができるようになってきます。板書を写すときにどうしても行をとばしてしまったり，文字を書き間違えたりする子どもがいます。その子どもには，黒板の近くで視写させたり，教師が横に行って教科書の文を指で挟んであげたりします。「字は大

きく丁寧に書きましょう。」ということも毎日指導します。丁寧にノートを書くことを通して、子どもたちは落ち着いて学習に取り組めるようになります。

②視写した文の次に自分の感想を書かせる

①視写ができたらその続きに自分の感想を書かせたり、登場人物のせりふの続きを考えて書かせたりします。説明文であればはじめて知ったことやびっくりしたことを書かせます。ノートが書けたら、視写した部分を含めて自分のノートを読む練習をします。子どもたちは教材文のキーポイントとなる文章を何回も声に出して読むことで理解が深まります。

②子どもたちがノートの内容を発表します。短いですが本文も覚え、自分の考えを伝えることができます。ノートに書いた自分の考えはあくまでもメモなので、ノートを見ないで学級の子どもたちの方を向いて話させるようにします。教科書の文を覚えるために短い時間でも子どもたちは集中して視写した部分を読みます。この毎日の繰り返しが言葉をまとまりとして読む力につながっていると考えます。また言葉を書く力も育っていきます。

③発表のときに、短い文章でも一文字ずつのたどり読みになってしまう子どもには、そばに行って言葉のまとまりを教師が指で挟みます。教師が小さな声で「おじいさんは」と言ったら、続けて子どもが「おじいさんは」と読むようにさせます。それに慣れてきたら言葉のまとまりを自分の指で挟ませて、「心の中で小さな声で読んでごらん。」と指示します。ゆっくりでいいので、まず目で文字を追って言葉のまとまりをつかむ、小さな声で口に出す、それから読むという練習を繰り返します。学級全体がそのような子どもたちを温かくゆったりと待つことができる雰囲気であれば、読むのが苦手な子どももノートに書いた文を自分で読めるようになってきます。

④毎日視写を続けると、子どもたちが書くことに抵抗がなくなってきます。視聴写は、耳で言葉のまとまりを捉え、文字を見て文章の内容を考えることができ、子どもたちの語彙も増えていきます。短い文章でも正確に丁寧に視写することを毎日続けるのが子どもたちの力になると考えます。　　（中尾　恵美）

国語

苦手な子も楽しんで読書ができる 本の紹介スキル

POINT
❶本の紹介を自分たちで選んだ方法でさせる
❷本の紹介の発表会をする

①本の紹介を自分たちで選んだ方法でさせる

①図書室から本を借り,自分の好きな本を選びます。その選んだ本を自分の机の上に置きます。

②友達が選んだ本を机の間をまわって読んでいきます。そのときに自分が紹介したい本を選びます。最初に自分が選んだ本でもよいし,友達が選んだ本でもよいことにします。

③紹介したい本のところに集まってグループを作ります。

④グループで本の紹介の方法を考えさせます。

- ・紙芝居　　・ペープサート　　・劇
- ・大型絵本　・広がる絵本（※）　・パネルシアター
- ・巻物　　・ブックトーク

　選んだ本によっては,効果的な方法があるので教師はグループをまわってアドバイスをします。

※広がる絵本……全紙の画用紙を8つに折ります。
- ・8つに折ったページが1ページ目
- ・広げて4分の1に折ったページが2ページ目
- ・広げて2分の1に折ったページが3ページ目

・全て広げたページが４ページ目
⑤紹介の仕方が決まったらグループで練習をします。そのときにペアのグループを決め，お互いにアドバイスをしながら練習を進めます。自分たちが考えた紹介の後にクイズやコマーシャルを作ってもよいことを知らせます。

②本の紹介の発表会をする

①発表会の対象を同じ学年の隣のクラスやほかの学年，保護者などはっきりと決めておきます。
②発表会の名前を考えさせます。「面白キラキラ本パーティー」など自分たちで名前を考えると子どもたちは喜んで取り組みます。何にでも題名を付ける，名前を付けるという活動はとても大切です。皆で話し合いながら発表会の具体的なイメージを膨らませていきます。
③司会，はじめの言葉，おわりの言葉，インタビューなどの役割を話し合っておきます。自分たちで発表会を自主的に運営できるようにします。
④パネルシアターの舞台や紙芝居架，ペープサートのための暗幕などがあれば利用するといいです。少しのことで子どもたちのやる気が変わってきます。
⑤自分たちで司会や進行をして本の発表会をします。
⑥振り返りをします。

　本の紹介をするために子どもたちは，自分の選んだ本を何度も読み返します。例えば大型絵本を作るなら，絵本の中のどのページを選んでどんな風に絵を描くかなどをグループで話し合いながら，子どもたちは主体的に読書活動に取り組みます。また，学級の友達が紹介した本にはとても興味を持ち，必ず本を手に取ってみる姿が見られます。子どもたちは，本を紹介する活動を通して，多くの本に触れ，本に親しむことができます。

（中尾　恵美）

国語

苦手な子も本が好きになる読み聞かせスキル

POINT
❶教師がまず読み聞かせをする
❷全校でイベント「お話ランド」をする

①教師がまず読み聞かせをする

　毎日教師が読み聞かせをすることが，子どもが本を好きになる第一歩です。そのときの学習の内容に合った本，子どもたちの気持ちにぴったりの本，行事に合わせた本，季節が感じられる本の読み聞かせをします。高学年でも絵本の読み聞かせは必要だと考えています。６年生でもエリック・カールの『だんまりこおろぎ』で最後にリーリーと音が鳴ったときには（この本は最終ページを開けると音が出る絵本です。）にこにこして聞いていました。１年生の生活科であさがおを植えた日には『そらいろのたね』を，６月４日には『はははのはなし』を読み聞かせます。クラスでけんかがあった日は『ごめんねともだち』の本を選びます。毎日，朝の会で「先生のお話」になるとさっと子どもたちは前に集まって，絵本の周りに座ります。５分ほど読み聞かせをします。長い話なら１週間かかるときもあります。その毎日の５分間がほっと心の落ち着く時間になります。

　国語の学習の中での読み聞かせは３種類あります。
①**教材を学習する前に読み聞かせをしておく**
　「お手紙」の学習に入る前に，『ふたりはいつも』『ふたりはともだち』等の本を何冊か読み聞かせをしておきます。そうすると子どもたちはがまくん

とかえるくんの性格や仲の良さが分かり学習に入りやすくなります。
②**教材を学習しながら読み聞かせをする**
　「ごんぎつね」を学習しているときに『手ぶくろを買いに』『あめだま』など新美南吉の作品を読み聞かせておくと作品を比べたり，同じようなところを見つけたりすることができます。「ごんぎつね」の主人公のきつねと『手ぶくろを買いに』に登場するきつねを比べて考えて，子どもたちの読み取りが深まります。
③**教材を学習してから読み聞かせをする**
　「やまなし」を学習した後に宮沢賢治のほかの作品を読み聞かせをします。子どもたちは宮沢賢治の表現の特徴に気付いていきます。学習中はできるだけ関連の本をそろえ，教室の後ろに置いておきます。また教師が「宮沢賢治の世界」などのブックトークをすると，何冊かの本を紹介することができ，子どもたちが本を好きになります。

②全校でイベント「お話ランド」をする

①学期に１回決まった日の８時30分から40分に，担任以外の先生が各教室に読み聞かせに行きます。（朝のおはよう読書週間の初日にしていました。）
②学級の子どもたちを２つのグループに分けて，特別教室と学習している教室の２か所で読み聞かせをします。
③その学年に合った絵本を担任以外の教師が10分間読み聞かせをします。校長先生や教頭先生にも読み聞かせをしてもらいます。
④子どもたちは８時25分になったら決められた教室に行って，読み聞かせを聞き，終わったら自分の教室に戻ります。この全校で行うお話ランドを子どもたちはとても楽しみにしていました。担任以外の先生が絵本を読んでくれることが嬉しかったようです。校長先生の読み聞かせに大笑いしたり，読み聞かせが終わった後，担任以外の先生とおしゃべりをしたりして楽しい時間を過ごしていました。本を読んでもらった時間が楽しかったということが，本が好きな子どもを育てます。

（中尾　恵美）

社　会

達成感を味わえる授業をパーツで組み立てるスキル

> **POINT**
> ❶45分の授業をパーツで組み立てる
> ❷パーツで組み立て達成感を味わわせる
> ❸導入には知的で楽しいパーツを入れる

①45分の授業をパーツで組み立てる

　45分間の授業を一つの内容でやり続けると，集中が途切れやすい子どもは飽きてしまいます。

　そこで，45分をいくつかに分け（以下「パーツ」と呼ぶ），内容の異なる学習を進めます。それは15分を3つに分ける場合もあれば，5分・5分・10分・25分と分ける場合もあります。例えば，都道府県フラッシュカード5分，地図クイズ5分，都道府県略地図5分，教科書の単元内容30分というような分け方です。

　パーツには，次のような内容が考えられます。

　(1)フラッシュカード（都道府県，地図記号，歴史人物）
　(2)地図帳での地名探し
　(3)都道府県の略地図描き
　(4)人物調べ
　(5)教科書や副読本の内容

　1学期と3学期では，パーツの時間配分は異なります。

②パーツで組み立て達成感を味わわせる

　授業をパーツで組み立てる利点は，飽きさせないということ以外もあります。まず，毎時間フラッシュカードで扱う方が，毎時間カードを見て唱えるので都道府県名などの基本的な知識が身に付きやすいからです。数時間ですべての都道府県名を覚える授業では，覚えなければいけない量に圧倒されて覚える気持ちがなくなります。

　また，いくつかのパーツに分けることによって，あるパーツが苦手な子どもも別のパーツで「できた！」という達成感を味わうことができます。1時間の授業で，「わかった」「できた」と感じる場面を1つでも作ることで子どもは安定します。

③導入には知的で楽しいパーツを入れる

　授業導入のパーツとして，例えば，地図帳を使った地名探しがあります。「第1問。洲本市」と板書しながら問題を言うと，子どもたちは地名を探してその場で立ちます。途中で，「何ページですか」「アイウエオのどれですか」「①②③④⑤のどれですか」と子どもたちを指名して，まだ見つけていない子のヒントにします。索引のページは指導しなくても，自分たちで見つけ出す子どもが出てきます。索引を利用する方法は，いつの間にか広まります。

　これを3問続けます。慣れてくると，一番に立った子どもが次の問題を出せるようにします。

　ゲーム的な楽しい要素があり，脳のウォーミングアップとしても最適です。授業の導入が知的で楽しい成功体験になります。

【参考文献】
谷和樹著『子どもを社会科好きにする授業』学芸みらい社，2011年
川上和則氏資料『第27回神戸市特別支援教育夏期集中セミナー』

（隈下　潤）

社 会

どの子の興味もつかめる フラッシュカード活用スキル

POINT
❶フラッシュカードから始める
❷教師の言葉を減らしてテンポよく進める
❸１回につき５〜７枚まで扱う

①フラッシュカードから始める

　クラスには，授業導入から集中しにくい子どもがいます。聴覚に問題があったりファンタジーに入り込んだりして授業が始まっていることに気付かない子ども。机に突っ伏してしまう子ども。何をやるか見通しが付かず不安になる子ども。「授業開始のあいさつ」で教師や他の子どもたちから姿勢や態度で注意や叱責を受けると，授業のスタートからつまずいてしまいます。

　そこで，授業の導入をフラッシュカードから始めます。聴覚に問題がある子どもは，友達のリズムよく大きな声で授業が始まったことに気付きます。スケジュールが分からないことによる不安がある子どもは，いつも同じ活動から始めると安定します。机に突っ伏している子どもたちも，誰でもできる活動なので授業の冒頭から参加できます。「これならできる」という見通しをもつことができます。「どうせ，できないわ」と感じてしまうと，授業の途中から参加することが難しくなります。

　フラッシュカードは，「授業開始のあいさつ」で教師や他の子どもたちから注意や叱責を受けることによって自尊感情がボロボロになることなく，自然と授業に参加することができます。

②教師の言葉を減らしてテンポよく進める

　教師の言葉が短く音楽のようにリズムよくフラッシュカードをめくることで，どの子も授業に集中しやすくなります。

　都道府県フラッシュカードを示しながら，「四国地方」（教師）「四国地方」（子ども），「徳島県」（教師）「徳島県」（子ども）「徳島県」（教師）「徳島県」（子ども），「香川県」（教師）「香川県」（子ども）「香川県」（教師）「香川県」（子ども），（同じように，愛媛県と高知県も２回ずつ教師について追い読みをする），「徳島県」（教師）「徳島県」（子ども），「香川県」（教師）「香川県」（子ども），（同じように，愛媛県と高知県も１回ずつ教師について追い読みをする），「はい」（教師）「徳島県」（子ども），「はい」（教師）「香川県」（子ども），（同じように，愛媛県も高知県もカードを見せて子どもたちに言わせる）と次々に読ませていきます。

　『２回追い読み』『１回追い読み』『子どもたちだけでの読み』という流れで心地よいリズムが生まれ，どの子も集中力が高まります。何をしたらよいかが明確で，手遊びなど他のことをする暇がありません。

　リズムをつくるためには，教師の言葉を減らすことが大切です。余計な言葉を発せず，気になる子どもにはアイコンタクトでほめます。

　時には，列指名で一人ずつ，カードの都道府県名を言わせる活動を入れることがあります。緊張感が生じて，記憶として定着しやすくなります。

③１回につき５～７枚まで扱う

　１回に扱うカードの枚数は，５～７枚が有効です。人間が記憶する量には限度があり，クラスには，短期記憶の容量がさらに小さい子どももいるからです。一度に10枚もやると，「わからんわ」という気持ちが高くなって授業に参加しなくなります。

【参考文献】
谷和樹著『子どもを社会科好きにする授業』学芸みらい社，2011年

（隈下　潤）

社 会

どの子も熱中する焦点化された発問スキル

POINT
❶発問を焦点化，具体化する
❷子どもの知っている商品の置き場所を問うことから入る
❸ゆさぶりをかけ，行動した子をほめる
❹教師が発問をして，社会的認識を高める

①発問を焦点化，具体化する

　「遠足の作文を書きなさい」の指示だけでは作文が書けない子どもがいます。どこからどこまでが遠足か分からず，何を書けばよいか分からないからです。遠足の行程を確認し，どこの部分が楽しかったか，教師と子どもが一緒に対話することで文を書けることが多いです。つまり，遠足という大雑把な内容を，より焦点化し具体化する作業を入れたのです。

　社会科の学習でも，焦点化，具体化した発問は有効です。例えば，「バスの運転手さんはどんな工夫をしていますか」よりも「バスの運転手さんはどこを見ていますか」と聞く方が，子どもは熱中します。

　今回は，スーパーマーケットの学習で考えてみます。

②子どもの知っている商品の置き場所を問うことから入る

　スーパーの学習では，「スーパーマーケットの人はどんな工夫をしていますか」がよくある学習課題です。しかし，これでは何に注目して考えていけばよいか分からない子どもたちがいます。

そこで「スーパーマーケットの人は，○○（お菓子）をどこの棚に置くでしょうか」という焦点化した発問をします。すると，子どもたちは体験を引っ張り出していろいろ意見を言います。この発問によって，子どもたちはお店の人が買う人のことを意識して商品を置いていることに気付きます。その後，「スーパーマーケットの工夫」を考えさせます。

③ゆさぶりをかけ，行動した子をほめる

　子どもたちに社会科への意欲を高めたい，行動的な子どもをほめたいと考えています。ゆさぶりで，子どもの意欲を高め，行動を促します。
　「みんなはスーパーマーケットに行ったことはありますか。では，よく知っていますね。では，教えてください。○○スーパーの棚は何列くらいありますか。えっ，知らないの。知っているって言ったじゃないですか」とゆさぶって授業を終え，次の日，見学した子どもを大げさにほめます。行動的な子どもをほめるチャンスになります。

④教師が発問をして，社会的認識を高める

　教科書にあるスーパーマーケットの絵を扱った授業として，知的な発問を出して調べ学習の意欲や社会認識を高めることも可能です。
　スーパーの絵を見て気付いたことを子どもたちから出させた上で，「働く人は何人ですか」「店員さんらしき人が何を言っていますか」「何曜日ですか」「店長さんはどの人ですか」などを尋ね，子どもたちに考えさせて発表させたり，隣同士で相談させたりします。意見が分かれたことは，「今度の見学で『この絵の店長さんはこの人だと思いますが，どう思いますか』って聞きなさい」と促します。これらも具体的で焦点化された発問で，子どもたちの思考を活性化させます。

【参考文献】　村田辰明著『社会科授業のユニバーサルデザイン』東洋館出版社，2013年
　　　　　　有田和正著『社会科「バスの運転手」』明治図書，1988年
　　　　　　杉山登志郎著『発達障害の子どもたち』講談社現代新書，2007年

（隈下　潤）

社 会

発見したことを書けるようになる写真読み取りスキル

> **POINT**
> ❶「事実」を書かせる
> ❷「思ったこと」を書かせる
> ❸例示を出させる
> ❹ゆさぶりをかけてたくさん書かせる
> ❺社会事象の法則性・条件を考える

①「事実」を書かせる

　子どもたちに写真資料を提示すると，作業指示が難しくて動きが止まってしまう子どもがいます。例えば，「この写真を見て気付いたことがありますか」と，写真資料から社会事象を発見させる指示です。「気付いたことはない」と言う子どもがいます。

　そこで，「見た事実を書いてごらん」と指示します。米作りが盛んな庄内平野の写真資料の場合，「川がある」「山がある」という事実なら書けます。

②「思ったこと」を書かせる

　「分かったこと，気がついたこと，思ったことを箇条書きしなさい」という指示をする場合があります。「事実を書く」と同じで，「思ったこと」なら書けます。書きにくそうな子どもに個別に「思ったことでいいよ」と言うと，「思ったことでいいの？」と聞かれるほど，「気付いたこと」はハードルが高いと感じる子どもがいます。

③例示を出させる

　初めての写真資料の読み取り活動の場合，ノートに書いたことを数人に例示として言わせます。あるいは，机間に入って子どものノートを見ながら，「なるほど，『山がある』か。そういうのでいいね」と言いながら例示として聞かせます。さらに，「1つずつお隣さんに言って」「お隣さんが書いたものを1つ自分のノートに書いて」と活動を入れることも例示になります。
　例示は，自分の頭にない見方を獲得するよい機会になります。

④ゆさぶりをかけてたくさん書かせる

　「今，最高は5つです」「もう3個以上書いている人？」「7個以上で5年生レベルです」と，ゆさぶりをかけることもあります。この言葉で，たくさん書こうという意欲が高まっていく子どももいます。

⑤社会事象の法則性・条件を考える

　社会認識を育てるための一方法として，社会事象の法則性・条件を考える学習があります。
　『米作り』の学習では，庄内平野のもの知りを育てるのではなく，米作りが盛んになるための法則性・条件を考え調べることが大切です。写真資料の読み取りの後，「法則性を考えることも，社会科の大事な勉強の1つだよ。じゃ，米作りが盛んになるための法則性を考えていこうね。『〜があれば，米作りが盛んだ』『米作りが盛んになるためには，〜が必要だ』という文を考えます」と仮説を立てるように指示します。この後，書いた仮説を資料で確かめたり，導かれた法則・条件が他の地域でも適応できるか検証したりする学習をします。

【参考文献】
谷和樹著『子どもを社会科好きにする授業』学芸みらい社，2011年
川上和則氏資料『第27回神戸市特別支援教育夏期集中セミナー』

（隈下　潤）

社会

どの子も作業で理解できる グラフの読み取りスキル

POINT
❶基本事項の確認と作業によって理解させる
❷本文とグラフを線でつないで因果関係を理解させる

①基本事項の確認と作業によって理解させる

グラフの読み取りは,毎回同じ内容を確認します。

(1)題名(タイトル)は何か。(2)出典は何か。(3)年度はいつか。(4)縦軸の単位は何か。(5)横軸の単位は何か。

初めてグラフと出合うときは,丁寧に扱います。

「タイトルは何ですか。指を置きなさい」と指示して,一人を指名して確認します。「『耕作時間のうつり変わり』ですね。そうだと思っていた人?」「タイトルを読むよ。『耕作時間のうつり変わり』読んで,はい」と,目で確認させ声に出させることで,視覚と聴覚というたくさんの感覚を刺激して情報を入力させます。

この後,出典,年度,縦軸,横軸の確認をします。グラフが出てくる度に同じように確認すると,自分たちでグラフを見て読み取る力がつきます。

そして,グラフの傾向を読みます。「耕作時間はだんだん増えていますか,減っていますか」と,最初は誰でもできる選択肢にします。「低くなっています」と確認した後,「だんだん低くなっているので,赤鉛筆で,大雑

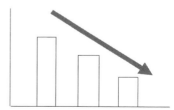

把に矢印を引きなさい。こうやります」と黒板にお手本を示しながら，作業によって学習を進めます。

この活動によって，何をしたらよいか分からない状態，あるいは聞いているだけの学習状態を避けることができます。

②本文とグラフを線でつないで因果関係を理解させる

社会科の目的は，社会認識を育てることです。社会認識を育てる方法の1つは，ものごとの因果関係を明らかにすることです。教科書を音読するだけでは，子どもたちは因果関係を理解することが難しくなります。

そこで，教科書にある文書資料（本文）と統計資料（グラフ）の因果関係を図解する方法を教えます。

「耕作時間がだんだん減っています。なぜでしょうか」「予想をお隣に言ってごらん」「難しいね。教科書に理由があるかもしれません。見つけたら教科書を持ってきて，ここって教えてね」と，持ってきた教科書を見ながらほめていきます。この後，『ほとんどの農作業が機械で……』というような教科書の本文に書かれている文章を確認します。その文を全員で読ませ，読んだ文に線を引かせます。線を引いた本文と最初に扱ったグラフを矢印でつなげます。因果関係を視覚的に理解させます。

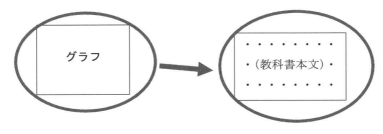

【参考文献】
谷和樹著『子どもを社会科好きにする授業』学芸みらい社，2011年

（隈下　潤）

社　会

熱中して話し合える
話し合い・討論スキル

> **POINT**
> ❶情報を蓄積する
> ❷ペアやグループで意見交換する
> ❸意見を板書させる
> ❹初めての話し合いは，教師がやり方を教える

①情報を蓄積する

　どの子も熱中する学習の１つに，自分と友達の考えにズレが見える話し合い・討論の授業があります。例えば，５年生で行う「沖縄県と北海道では，どちらの方が得ですか」のような学習はとても熱中して考え，「また，やりたい！」と子どもたちが言います。

　話し合い・討論の授業をするためには，まず情報の蓄積が必要です。沖縄県について，(1)『２つの都市［那覇市と神戸市（居住地）］の気候の違い』，(2)『台風に備え，水不足を乗り越えるために沖縄県の人々が工夫していること』，(3)『沖縄県の農業，観光』の内容を一斉授業で扱います。

　その後，授業の中で出てきた「沖縄県の生活は大変やなあ」という意見を取り上げてさらに「沖縄県と北海道では，どちらの方が得ですか」という問いを投げかけました。

　北海道も調べてみないと判断できないことを確認して，北海道の情報を教科書や資料集を使って調べさせます。ここで，個別対応が必要な子どものところに行って，対話をしながら一緒に考えます。

②ペアやグループで意見交換する

　隣同士で意見交換をさせた上でノートに意見の追加をさせます。これらは，考えが思いつかない子どもにとってヒントになる活動です。この後，グループで話し合いをさせます。何のテーマか，この話し合いは何かを決める話し合いかどうかを確認させ，意見交換するように促します。教師は気になるグループに入って意見を聞きます。必要ならば，教師がモデルとなってグループの話し合いを仕切って意見を聞いていきます。

③意見を板書させる

　自分の考えを板書させていきます。ノートに丸を付けてあげると，勉強の苦手な子どもも喜んで板書します。

　初めての話し合いの板書では，「この意見は，ここのグループに書いて」と，『天候』や『観光』，『家の造り』などの観点別に分けさせます。話し合いの順序を視覚的に分かりやすく進めるためです。

④初めての話し合いは，教師がやり方を教える

　初めての話し合いでは，「（意見を出し合った後）まず，質問があれば質問します。バラバラ話し合いをすると分かりにくいので，同じテーマで話し合いをします」「『話の内容がずれました』って言ってみて」「『あとで答えます』って言えばいいよ」と，教師が話し合いのやり方を介入して教えながら進めます。話し合い後は，「Aくんが教科書のデータを出して意見を言ったのが素晴らしいです」など，今後の話し合いに生かさせる発言を取り上げてほめます。

　どちらがよいかのような価値判断を問う討論は，子どもたちの意欲を喚起します。

（隈下　潤）

算　数

苦手な子も積極的に話せるようになるコミュ力UP指導スキル

POINT
❶算数の時間だけにこだわらないで活動する
❷コミュニケーションの力を育む

①算数の時間だけにこだわらないで活動する

　算数ではペアや小グループの話し合いが必ずといってよいほどあります。ペアで互いの解決方法を話すとき，単に向き合ってノートを棒読みして終わり，あとはただ時間が過ぎるのを待つだけという光景を目にすることがあります。何を言えばよいのか分からない，何を聞けばよいのか分からない子がいるためです。このようなスキルアップは算数の時間だけでは限界があります。ペアや小グループでの話し合いは国語や理科・社会でも当然あります。ペアで話すポイントは，①自分と似ているところを伝える，②なるほどと思ったところを伝える，③もっとよいアイデアがないか二人で相談するなどです。これらの力をつけるためには教科だけでなく学級活動や道徳などでも繰り返し行うとよいでしょう。ポイントを教室内に掲示しておくのもよいです。

②コミュニケーションの力を育む

　教科以外の時間でコミュニケーションの力を育むとき，担任は一年間を見据えて計画的にこれらの活動を行わなければいけません。単なるお楽しみで終わらないように，「教科指導に生きるコミュニケーション能力を育むために行っている」ことを忘れないようにします。活動のねらいの確認や振り返

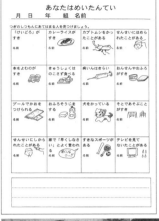

りは必ずやりましょう。学年のはじめには「あなたはめいたんてい」がよいでしょう。これは16のマスに書かれている，例えば「本をよむのがすきですか？」などを互いに尋ね合う活動です。はいと答えてもらえそうな人を探すのがこつです。連休明け頃には「飼うなら犬と猫どっち？」などをペアで話し合う「どっちを選ぶ？」ができます。「先生ばかりが住んでいるマンション」は小グループで情報カードを読み合いながらマンションのどの部屋に何先生が住んでいるか探る活動です。活動後は算数のペアや小グループの活動で「お話が上手になったね」と声をかけましょう。

【参考文献】
坂野公信監修・横浜市学校GWT研究会著「先生ばかりが住んでいるマンション」『学校グループワーク・トレーニング』遊戯社，1989年

（穐山　和也）

算　数

残り時間が気になる子も落ち着ける視覚支援スキル

> **POINT**
> ❶タイムタイマーやキッチンタイマーを活用する
> ❷目に見えない時間の経過を見えるようにする

①タイムタイマーやキッチンタイマーを活用する

　授業中，ペアトークを３分間するときや練習問題を５分間で済ますときなどに，時間の経過がとても気になる子がいます。残り時間はどれくらいなのか，自分のペースで間に合うのか，などと考え始めたらきりがないのでしょう。そのようなとき，タイムタイマーを使えば時間の経過を視覚で確認できます（図１）。残り時間も，赤い部分の面積を見て直感的に理解することができます。また，キッチンタイマーを使えば視覚だけでなく聴覚で時間の経過を知ることができます（図２）。１分前にセットしておけばピピピピとタイマーが鳴った瞬間で残りが１分と分かり，先の見通しをもつことが可能になります。数字がより大きく見える学習用のタイマーもあります（図３）。

　教室には時間の経過が気になる子ばかりではなく，逆にいつもマイペースで時間が守れない子もいます。手悪さや自分の世界に入っていて取りかかりが遅くなり結局間に合わなくなる子たちです。そのようなとき，タイムタイマーやキッチンタイマーを使うと視覚や聴覚で時間の経過が分かり，とても効果的です。

図1 タイムタイマー(Time Timer 社製)

図2 キッチンタイマー(dretec ドリテック社製,大画面タイマー シャボン)

図3 SUZUKI スクールタイマー
（株式会社鈴木楽器製作所）

②目に見えない時間の経過を見えるようにする

　時間は，人の気持ちと同様に目に見えないので，なかなかつかむのが難しいものです。そのために先人たちは時計を発明したり鐘を鳴らしたりしました。最近では家庭でアナログ時計が減少し携帯やスマホがそれに取って代わっています。そのような環境で育ってきた子たちに「時計を見なさい」だけでは時間の経過をつかむことは難しくなってきています。

　そこで，視覚や聴覚に訴えることが重要になってきます。最近は特別支援学級だけでなく多くの通常の学級でもタイムタイマーを見かけるようになりました。聴覚に訴えるキッチンタイマーも効果を上げています。これらを十分に活用して，残り時間をつかませたり，自分のペースを調整させたりして多くの子を積極的に算数の学習に参加させましょう。

（穐山　和也）

算　数

めあてを時間内に書ける
だるまさんがころんだスキル

POINT
❶板書写しは言わせてから書くことを基本にする
❷担任が振り向くまでに書き終えるよう指導する

①板書写しは言わせてから書くことを基本にする

　聞いただけではノートになかなか書けない子どもがクラスには必ずいます。中学年くらいになると個人差も気になり始め，授業の始めに「めあて」を書くだけでも随分と差が出たり，時間内に書き終えられない子が出てきたりします。

　算数の学習には国語の学習の力が必要です。文章を読む，指示通りに書く，板書等を写す，ペアやグループで話す，教師や友達の話を聞く……などです。これらの力がまだ十分身に付いていない子や困難をもつ子には適切な支援が必要になります。ここでは，「めあて」を確実に写すことを通してその時間のねらいにそった学習を進める方法の一つを紹介します。

　はじめに文章を文節で区切り，担任の後に言わせます。「かっこを」『かっこを』，「つかって」『つかって』，「くふうして」『くふうして』，「けいさん』『けいさん』，「しよう」『しよう』。教室には視覚優位の子ばかりではありません。聴覚情報の方が理解しやすい子もいます。担任は耳から情報を入れる，目から情報を入れる，ノートに書き写す，この一連の流れを意識しておくことが重要です。

②担任が振り向くまでに書き終えるよう指導する

　子どもたちはちょっとした楽しいことが大好きです。不注意な子や自分の世界に入っている子も必ず注目します。担任が先ほどみんなで声に出した『かっこを』と板書し，邪魔にならない位置で黒板の方を向いたまま「だるまさんがころんだ」とゆっくり言います。子どもたちはその間にノートに『かっこを』と書きます。「書けた人？」とゆっくり振り向いて確認をします。そのタイミングは実態に合わせます。続いて『つかって』『くふうして』『けいさん』『しよう』と同様に進めていきます。

　「だるまさんがころんだ」はだれでも知っている遊びです。振り向かれるまでにその動き（文節を書く）を終えなければならない，振り向かれたら動かない，そんな約束を確実に守りながら全ての子が「めあて」を書き終えるようにします。最初は，丁寧に書くこと，時間を確保するのであせらないこと等の確認をしてから始めるとよいです。

（穐山　和也）

算　数

ペアトークの苦手な子も うまくペアで話せるスキル

> **POINT**
> ❶ペアトークの型を定着させる
> ❷ペアトークの楽しさを教える

①ペアトークの型を定着させる

　ペアトークは算数の学習では必ずと言ってよいほど毎時間あります。クラスにはペアトークの苦手な子が必ずいます。一対一で何をどのように話せばよいのか，きっと悩んでいるのでしょう。担任の適切な指導が必要です。

　ペアトークを始める前に「自分の考え」を書く時間があります。このときの約束は，だらだらと時間を使わないで書いている途中でも時間が来たら止めることです。そのかわりペアトークでは書いていないことを言ってもよいことにします。

　ペアトークは主に隣の席の子と横並びでします。そのときノートを開いて指差ししながら口で説明します。向かい合うと相手のノートが逆さになってよく分かりません。だから横並びのままでします。さらに，全員を立たせて互いに「お願いします」と挨拶をしてから始めます。終わったら「ありがとうございました」を言って二人が座ります。こうすると担任がペアトークの終わった所とまだの所を簡単に把握することができます。

②ペアトークの楽しさを教える

　ペアトークの指導のポイントとして，何を質問するか，あるいは何を相手

に伝えるか，があります。これも具体的に指導する必要があります。例えば，①自分と似ているところ，②自分と違っているところ，③なるほどと思ったところ，④ここをもう少し詳しく教えて，⑤こんなアイデアがあるよなどです。発達段階や実態に合わせて指導するとよいでしょう。指導した内容は短冊などで掲示しておくといつでも見られて参考にすることができます。

　ペアトークの相手を，隣同士から前後に変えたり，席を離れてフリーにしたりと時には変化を加えるとペアトークそのものに意欲的になってきます。また，ペアトークした後に「何を話したか発表してください」とペアでの発表を促すのもよいでしょう。発表の苦手な子も隣の子に促されて一緒に発表したりします。すると「がんばったね」の声かけをすることができます。

(穐山　和也)

算 数

次時の授業が楽しみになる個別指導スキル

> **POINT**
> ❶復習よりも予習をポイント指導する
> ❷その子の自尊感情を上げるように配慮する

①復習よりも予習をポイント指導する

　算数の苦手な子に個別指導をするチャンスがあれば，それは効果的に活用しましょう。5分休憩や配膳時間などを利用するときは，周囲に他の子どももいるので復習中心の個別指導や宿題指導がよいでしょう。他の子どもたちが下校後の放課後や担任以外の教師による取り出しなどにおいては，復習中心の個別指導に加えて予習中心の個別指導を入れると効果的です。

　その子に教科書の該当部分を先に読ませたり，重要な部分にアンダーラインを引かせたりしておけば，その部分を思い出して挙手したり発言したりして学習に積極的に参加するようになります。また，別紙などを準備しておいて，次時で学習する筆算を1～2問程度一緒にしてみます。すると，『この子はくり下がりの筆算で，お隣から10借りてくることは理解していても，13－7ができなかったのか』などと見過ごしていた重要な点に気付いたりします。○○さんだけずるい，という声のあがらないような学級づくりも必要です。

②その子の自尊感情を上げるように配慮する

　予習中心の個別指導により，積極的な学習態度を導き出せたり，苦手さの

原因をつかめたりします。積極的な学習態度になると，友達から「頑張っているね」などの承認の声を聞くようになり，担任からも「この頃，発表をよくするようになったね」と声をかけられるようになります。その子の自尊感情が高まり，さらに意欲的になっていきます。自尊感情の高まりは学習意欲につながったり他者理解につながったりします。そして，算数の学習が楽しい・よく分かるなど，好循環となり苦手意識が薄らいでいきます。

また，算数の苦手さの背景として，どこでつまずいているのかが分かればそこまで引き返して学び直せばよいのです。個別指導をするので，短時間で取り返すことができます。

このように予習にポイントを置くことにより，その子の自尊感情を高め算数に対する意欲的な学習態度を育むことができます。

（穐山　和也）

算　数

授業の流れが分かる視覚支援スキル

POINT
❶黒板に1時間の授業の流れが分かるカードを貼る
❷今学習しているところを矢印で指し示す

①黒板に1時間の授業の流れが分かるカードを貼る

　算数の学習は「思い出そう」「今日のめあて」「今日の問題」「見通しをもつ」「自分の考え」「ペアで考える」「みんなで考える」「今日のまとめ」「練習問題」などで構成されています。そして，毎時間ほぼ同じ繰り返しをします。もちろん例外もあります。

　このような1時間の授業の流れをつかんでいる子は安心して学習に参加できます。逆に，この先，何をどのように学んでいくのか不安で一杯の子も必ずいます。突然グループで話し合うと言われてパニックになる子もいます。先の見えないことに対する不安感はその子でないとなかなか理解できません。そのような子には1時間の算数の授業がどのような活動で構成されているのか視覚的に示すことが効果的です。さらに，ペアで相談した後はグループでの話し合いになるというような見通しをもつことも重要です。

　大切なことは，不安感を払拭して，安心して授業に参加できる環境を作ることです。

②今学習しているところを矢印で指し示す

　「思い出そう」「今日のめあて」等のカードを黒板の左端の下方に貼ります。

そして最初の活動の「思い出そう」の横に手作りのオリジナル矢印を置きます。そして，「思い出そう」が終わったらその矢印を次の「今日のめあて」の横に移動します。このようにして「今日の問題」や「見通しをもつ」などに次々と進んでいきます。45分の授業の中で，今，どこら辺かということと，もうすぐグループで話し合うぞと，気持ちの準備をしておこうという先の見通しのもてることが授業に対する安心感につながります。
　「おしゃべりしません」「席を立ちません」などと担任が怒る前に，担任は不安をもつ子の気持ちを理解して，環境を調整していくことが大切です。それが安心して授業に参加することにつながります。また，矢印は赤いマグネットであったり何かのイラストであったりしてもかまいません。学級の実態に合ったものにするとよいです。

（穐山　和也）

算 数

ワーキングメモリの小さな子も前時を想起できる思い出しスキル

> **POINT**
> ❶黒板の左側を活用する
> ❷声を出しながら想起する

①黒板の左側を活用する

　算数の授業では同じ流れで授業を進めるとか，黒板をおよそ３分割で使うなど，繰り返すことにより子どもたちに定着していく授業スタイルがあります。先の流れが読める，つまり授業はこの先どのような展開をしていくのかがある程度理解できておくと安心な子たちがクラスには何人かいます。その流れの中に，前時の復習を組み込んでおけば自然な流れで前時のあるいは以前の学習を想起することができます。

　『かっこをつかってくふうしてけいさんしよう』という「めあて」の学習であれば，黒板の左側30cm程度のスペースを前時の想起エリアと決め，「（　）の中は先に計算する」などのカードを貼って，既習事項の確認をするとよいでしょう。このとき，授業のまとめなどで使ったカードを活用すると「あ，見たことある」などと効果的です。

②声を出しながら想起する

　前時の想起が教師からの一方的な話だけでは集中が途切れてしまう子がいます。そこで，一緒に声を出して読んだり，教師の後追いをしたり，前方のカードなどを指差しながら声を出したりするとどの子も一生懸命にやります。

 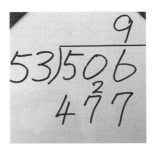

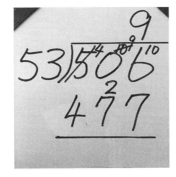 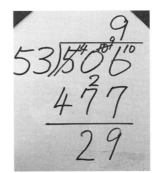

声を出したり指差しをしたりすると集中を持続させることができます。

　例えば3桁割る2桁の割り算の学習では，前時の思い出しとして次のように声を出します。「」は子どもだけに言わせます。『』は教師がリードしながら教師と子どもが一緒に言います。『506÷53』。『5÷53は』「できません」。『50÷53は』「できません」。『506÷53は』「できます」。『何がたつ？』。『9をたてます』。『9×3は』「27」。『9×5は』「45」，『たす2は』「47」。『6－7は』「ひけません」。『10の位から』「1繰り下げられません」。『100の位から』「1繰り下げて4，10（あげる）」。『10の位から』「1繰り下げて9」。「10あげる」。『16－7は9』。『9－7は』「2」。『答えは9あまり29』。このように声を出してこれまでの学習内容を想起します。

（穐山　和也）

算数

苦手な子も集中しやすい 使い分け視覚支援スキル

POINT
❶視覚支援には様々な方法がある
❷学習場面によって使い分けをする

①視覚支援には様々な方法がある

　クラスには特別な教育的ニーズをもつ子が必ずいます。その支援方法も様々ですが，「視覚支援」が多くなされています。その方法は言葉で伝えるだけでなく文や絵や写真の提示など様々です。算数の学習ではポイントややり方を画用紙に書いたりミニホワイトボードを活用したりします。

　さらに，拡大コピーやデジタル教科書，実物投影機も算数の学習には効果的です。1立方メートルを体感する教具や立体の模型などの具体物もあります。ワーキングメモリの弱い子，目に見えないものの理解が困難な子，視覚情報の方が理解しやすい子など多くの場合に効果的です。特に集中が苦手な子には視覚支援は必須といってもよいでしょう。集中の苦手な子にはパッと目に入る情報や，見て分かりやすい情報，見続けていたいような興味の湧く情報などが効果的です。

②学習場面によって使い分けをする

　集中の苦手な子がパッと興味を示すのは，「デジタル教科書」などで示される図形の情報でしょう。平行四辺形の面積の求め方で三角の部分をうまく切り離して移動すると長方形になる。円の面積を求めるのに円を36等分して

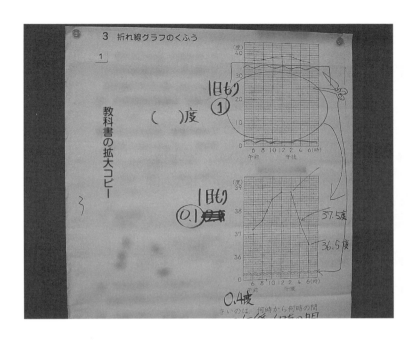

　交互逆さまに貼り付けると限りなく長方形に近づいてくる。凸凹図形の面積はいくつかに分けて求めたり，大きな長方形から不要な部分を引いたりする。これらを動画で見せることは興味を引くとともに理解の支援にもなります。

　グラフの学習では教科書を大きく「拡大コピー」するとよいです。そこに表題や目盛り単位などを子どもたちの教科書やワークシートと一緒に書き込みます。さらに，棒グラフの棒や折れ線グラフのポイントなどを書き込みます。大型テレビでは後ろの子に見えにくく「拡大コピー」の方が格段に見えやすく集中が持続します。

　「実物投影機」は大型テレビで素早く見せたい情報があるときに役立ちます。特にノート指導の徹底や子どもの発表時に効果的です。

　教室で使える視覚支援は無限大です。子どもの実態に合わせていろいろと工夫してみましょう。

（穐山　和也）

算数

美しいノートができる板書スキル

POINT
❶板書の一行の文字数をノートのマスに合わせる
❷いつも同じ流れで安心を呼ぶ

①板書の一行の文字数をノートのマスに合わせる

　筆者の学校では２年生の算数ノートは一番上に１から10までの数字の書いてある横10マスのノートです。３年生以上は横15マス縦22マスの５mm方眼のノートです。ノートは学校によってそれぞれ違います。
　先の見えないことに不安を感じる子や集中に課題のある子にとって板書を写したり自分の考えを書いたりするのは苦手です。そのための支援の一つとして，ノートの文字数と板書の文字数を合わせます。２年生は10マスなので下記のように板書します。

　　　　　めあて　大きい数のひ
　　　　　　っ算のし方を考えよう

板書後，実物提示装置で大型テレビに映し出して確認します。もちろん，発達段階に応じて行いますが，高学年も４月は同様にします。そして，実態を見ながら次第にフェードアウトしていきます。高学年になると個人の判断力も付ける必要があるのでいつまでもマスの数に合わせた板書はしません。

②いつも同じ流れで安心を呼ぶ

　算数の学習の流れは，前時の復習の後，本時のめあてを確認し，本時の課

題を共通理解して，個人解決，ペアや小グループでの交流，クラス全体で解決，本時のまとめ，練習問題，とほぼ一定です。それは，どの子にも授業の流れがつかみやすく学習に参加しやすいスタイルとなっています。黒板はその流れにそっておよそ３分割して使います。左端に「思い出し」や学習の流れを貼る場合もあります。板書もほぼ一定なので学習の流れとともにノートの使い方もほぼ一定となります。先の予想が苦手な子や集中に課題のある子などにとって，いつも同じ流れが安心を呼びます。

　ノートには日付や今日のめあて，今日の問題や自分の考えなどを書きます。その書き方は様々で同学年の先生等に聞いて模倣から始めるとよいです。担任としては一定の流れで同じノートの使い方を意識していきます。

(穐山　和也)

算 数

1年生の算数授業を楽しくはじめる
百玉算盤活用スキル

POINT
❶授業の始めに全員で百玉算盤をする
❷数を量的に認知できるよう配慮をする

①授業の始めに全員で百玉算盤をする

『10を作ろう』「10を作ろう」,『1と9で10』「1と9で10」,『2と8で10』「2と8で10」,……『10と0で10』「10と0で10」,『よくできました』のように教師が声をかけて子どもたちが繰り返し言って玉を動かす。この繰り返しです。百玉が真ん中にきれいに揃ったり端に階段状に揃ったりすると綺麗で嬉しい気持ちになります。その達成感が数を量として捉えるスタートとなります。ワーキングメモリの小さな子どもたちにも大変有効です。

スタートや区切りでは時々隣同士で確認します。また始めの約束が大切です。百玉算盤が楽器のようなおもちゃにならないように,勝手に玉を動かさないように,そして教師の後追いで声をしっかり出すように指導していく必要があります。これが定着していくとどの子も先が見えているので大変楽しく活動します。

②数を量的に認知できるよう配慮をする

算数では,3と5はどちらが大きいのか,50ってどのくらいの大きさか,ノートの縦の長さは20cmか20mか,などその数の大きさを直感的に感じる力が必要です。最近はナンバーセンスとも言われています。1年生ではブロ

ックをよく使いますが,同時に百玉算盤もしっかり活用していくと効果的です。繰り返し操作することで100までの数の大きさを自然と理解します。そのことが,サクランボ計算や繰り上がり繰り下がり,線分図,単位や割合など今後の学習に大変役立ちます。

　何事もそうですが,継続こそ力なりです。始めは百玉算盤や手の位置,玉の動かし方,そして,声の出し方等に細かい指示が必要です。慣れてくると学習の始めの5分位で上手にできるようになります。教師の声に合わせて子どもたちにもしっかり声を出させ,「○○さん,いい声だね」「玉を上手に動かせてるね」などと肯定的な声かけをするとよいですね。

(穐山　和也)

算 数

等分除と包含除の違いが分かる ネーミングスキル

POINT
❶等分除と包含除を絵や図で視覚的に提示する
❷絵や図から連想するイメージを言語化する

①等分除と包含除を絵や図で視覚的に提示する

　12個のアメを3人の友達に1個ずつ分けていくと一人分はいくつになるでしょうか？　ＡＢＣの3人の絵とその前にお皿の絵を描き，そこにアメを1個ずつ書き込んでいく，そんな等分除の絵を描かれることでしょう。12個のアメを3個ずつ友達に配ると何人に配れるでしょうか？　いくつかお皿の絵を描いておき，そこに3個ずつアメを配っていく包含除の絵も描かれることでしょう。聞いただけでは分かりにくかったり，数量に関するイメージが湧きにくかったりする子には，この絵のような視覚的な支援は必ず必要です。また，このような視覚情報はどの子にも分かりやすいです。

　授業では等分除や包含除という言葉を教えるわけではありません。割り算の意味は二通りあることを知らせ，3×□＝12と□×3＝12から，除法が乗法の逆算であることに気付けばよいですね。

②絵や図から連想するイメージを言語化する

　絵や図から子どもたちは色々なことを発見します。例えば12個のアメを1個ずつ配っていく図を見て「トランプみたい」と思わず言います。これは子どもなりに大変的を得た表現です。このような表現を見逃す手はありません。

 「そうか」と言いながら,「一人ずつ配るこのような割り算を『トランプ算』と呼ぶことにしよう」と投げかけると子どもたちは大喜びです。自分たちで生み出した表現は確実に定着します。
 包含除ではどうでしょうか。包含除の絵を見て,子どもたちは3個ずつを固まりと見ました。そして3個の固まりは何人に配れるだろうかという問題を「かたまり算」と命名しました。
 子どもたちは命名名人です。形式にこだわらず,実態に合った柔軟な表現が算数の学習の定着にも一役買います。

(穐山　和也)

理 科

51 学習内容に意識を集中させる市販教材セット活用スキル（その１）

> **POINT**
> ●教材セットの中から最初に渡す教材を絞る

○教材セットの中から最初に渡す教材を絞る

　どの学年であっても，年間に一単元は市販の教材セットを一人一人に渡して学習を進めていく先生も多いでしょう。市販の教材セットの中には，その単元で学習するべき内容に関する様々な教材がまとめて入っているため，一人一人がじっくり教材に関わる機会や時間を確保することができ，子どもたちの主体的な学習につながることが期待できます。しかし，セットには多くの教材が入っているがために，逆に様々なことに興味や関心が向いてしまい，本来向かうべき学習内容に集中できなくなる子どももいるはずです。

　そこで，単元の導入時に教材セットの全てを渡すのではなく，最初に渡す教材を絞ります。具体的な例としては次のような場合が考えられます。

○「電流の働き」……導線付きモーターとプロペラと電池一つだけを渡す

　単元導入時に右の写真のような実物を見せながら「ミニ扇風機を作ろう」と投げかけ，試行錯誤できる時間を確保します。子どもたちには３年生で電気の学習の経験があるので，回路を作ってプロペラを回すところまではすぐにできる子が多いと思います。

しかしそこで，自分が想定していた風の向きとは反対になってしまう子が必ず出てきます。また，もっと風を強くしたいという願いをもつ子も出てきます。中には，自分と友達の回路の作り方を比べようとする子ども，友達の電池を借りて風を強くしようとする子どもも出てくるかもしれません。そういう試行錯誤をした上で，電流の流れる向きや風をもっと強くするための方法など，子どもたちが気付いたことや考えたことなどをもとに，本単元で追究していく問題を設定します。

○「空気と水の性質」……空気でっぽうの筒と押し棒と玉だけ渡す

単元導入時に「ぽんぽんゴルフをしよう」と投げかけ，バケツや箱などをホールに見立てたいくつかのコースで遊ぶ時間を確保します。

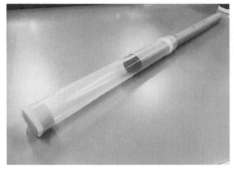

子どもたちは，玉を遠くに飛ばしたいという願いをもって活動していきます。ホールに近づくと，右下の写真のように，今度は弱くてよいのでうまくコントロールをしたいと思うようになります。遊びながら子どもたちなりに工夫する中で，目には見えない空気の存在を意識し始めるはずです。玉を遠くに飛ばす方法や，近くにコントロールするための方法など，子どもたちが気付いたことや調べたいことなどをもとに，空気の体積や量の変化と反発する力の関係性など，本単元で追究していく問題を設定します。

（関野　淳也）

理科

学習内容に意識を集中させる市販教材セット活用スキル（その２）

POINT
●子どもが「作成」した教材は教師が確認する

○子どもが「作成」した教材は教師が確認する

　教材のセットの中には，子どもたちが「作成」する必要のある教材が入っていることも多いです。説明書を読解して，一人で作ることができる子もいるとは思いますが，一人ではうまくいかない子もいるはずです。本来の目的である学習内容に集中することができるよう，教師が実物を見せてコツなどを伝えながら学級みんなで作成するという支援をしている方もいらっしゃることでしょう。

　ここまででも大きな支援だと思いますが，ここでもうひと手間かけて，一人一人が作成した教材を教師が確認します。そうすることで，後々の追究過程において教材の不備で実験がうまくいかなくなるリスクが減り，結果として子どもたちが学習内容に集中できるようになることが期待できます。具体的な例としては次のような場合が考えられます。

○車輪にシャフトが押し込まれているか確認（風とゴムの力の働き）

　この単元では多くの場合，風やゴムの力で車を走らせ，そのときの力の大きさと車の走る距離を調べる実験を行います。中心の教材となる車を「制作」する教材セットが多いのですが，制作の際，力の弱い３年生の子どもには車輪をシャフトに押し込みきれていないという状況が起こる可能性があります。

そこで，右の写真のように，しっかり車輪の奥までシャフトが押し込まれているかを教師が確認します。一台につき数秒で確認ができるため労力としては小さいのですが，車が安定してまっすぐ進むようになり，風やゴムの力と車が走った距離との関係性が見えにくくなってしまう状況を防ぐことができるため，支援として効果は大きいです。

○エナメル導線のエナメルが残っていないか確認（電流がつくる磁力）

　この単元では，導線を何重にも巻いたコイルに鉄芯を入れ，導線に電流を流すことで磁力がうまれる（電磁石ができる）ことを学習します。その際，磁力が電流の強さやコイルの巻き数で変化することを調べる実験を行います。中心教材となる電磁石を「制作」する教材セットが多いのですが，導線を巻いてコイルを制作するところについては，少しでもスムーズに制作することができるよう，教材ごとに様々な工夫をされているものがあります。しかし，電磁石が完成したと思ったのに，安定して磁力がうまれないという状況が起こる可能性があります。その原因として，右の写真のように，エナメル導線の両端のエナメルを剥がしきれず残ってしまっていることがあります。

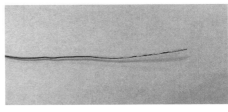

　そこで，しっかりエナメルを剥がしとることができているかを教師が確認します。これも簡単な作業ですが，安定して電流が流れるようになり，電流の強さやコイルの巻き数の変化と電磁石の磁力の関係性が見えにくくなってしまう状況を防ぐことができます。ちなみに，教材の中にはエナメル導線の代わりに，剥がし残しが発生しないビニル導線を使ったものもあるので，子どもたちの実態によっては選択肢の一つになると思います。

（関野　淳也）

理科

子どもが実験道具の準備・片付けができる理科室管理&指導スキル

POINT
❶どこにどの教材があるのかが分かるよう表示する
❷理科室を使い始める時期に理科室探検を行う

① どこにどの教材があるのかが分かるよう表示する

　理科の実験を行う際，実験道具を教師が準備しておくことは，実験が安全でスムーズに進むために大切な支援の一つだと考えます。しかし，全てを教師が準備し，それを子どもに与えるようにしてしまうと，実験をすることが目的になってしまい，本来はっきりさせたい問題がなんだったのか，目的がはっきりしなくなってしまうことも危惧されます。そこで，子どもたちが自分で必要な実験器具を準備することができることも，支援の一つと言えるのではないかと考えます。

　しかし，子どもたちに「自分たちで準備してごらん。」と，いきなり投げかけるだけでは，有効な支援にならないどころか，「物がどこにあるのか分かりません。」「探していたら別のものを落として壊してしまいました。」など，逆に子どもたちを困らせかねません。

　そこで，子どもたちが使いたいと思った実験道具がどこにあるのかが一目で分かるように，上の写真のような表示をしておくことが大きな支援になると考えます。理科室の戸棚には様々なタイプのものがあります。特に扉や引

き出しを開けないと実験道具を確認することができないところに優先的に表示しておくとよいでしょう。扉にガラス窓がついていて中の実験道具が見える戸棚については，そのままでもよいかもしれません。ただ，前ページの写真のように個数を表示しておくことで，実験が終わった後，子どもたちが自分たちで数を確認しながら確実に実験道具の片付けができるための支援にもなります。

②理科室を使い始める時期に理科室探検を行う

　３年生から始まる理科の学習ですが，理科室を使って学習を始める時期は，学校の実態や学習内容の順番などによって変わってきます。理科室を使って学習を始める時期に，理科室探検を行うことが，その後の学習の中で自分たちの力で実験の準備・片付けができるための支援になると考えます。

　理科室探検では，子どもたちに「この理科室の中には，たくさんの実験道具があります。知っているものもあるかもしれないね。今日は全ての扉や引き出しを開けていいから，どこにどんなものがあるのか調べる理科室探検をしよう。」と投げかけ，子どもたちが自由に調べる時間をとります。安全面には注意が必要ですので，○今日は見るだけで触らないこと，○触ってみたいものがある場合には後で先生に相談すること，○万が一，何かが壊れてしまったときにはすぐに先生に言って助けてもらうこと，など，ルールを明確にしておくことが必要です。

　子どもの実態によっては，安全面が心配で理科室探検を行うことができない，と感じる先生もいらっしゃるかもしれません。その場合は，逆に理科室の中にある実験道具を見直すチャンスだと思います。子どもの実態がどうであれ，学習の内容によっては理科室での授業を行わないわけにはいきません。理科室に常時置いておくものと，理科準備室にしまっておいて実験時に出すものを精査するなど，子どもの実態に合わせた理科室管理を行うことも，子どもたちへの支援の一つだと考えます。

（関野　淳也）

理 科

視覚的支援で意見の共有がしやすくなるタブレット端末活用スキル

POINT
❶多彩なカメラ機能を効果的に活用する
❷顕微鏡に直接カメラを近づけて撮影する

①多彩なカメラ機能を効果的に活用する

　学習内容の中には，屋上や校庭もしくは校外で行う観察・実験があります。しかし，屋外での観察・実験をした後，教室に戻ってから気づきや発見を共有する際，目の前に観察・実験の対象物がないため，言葉だけでの共有ではどうしても理解しにくくなる子どもがいるはずです。そのため，写真や動画を使って視覚的な支援をしている先生方は多いと思います。もちろん効果的な支援になっていると思いますが，最近のタブレット端末のカメラ機能は多彩になっています。それらをうまく活用することで，さらに効果的な視覚的支援になると考えます。具体的には次のような活用例があります。

○タイムラプス撮影機能で変化を短時間で分かりやすく（天気の変化）

　外で雲を観察する際，雲の動きはゆっくりであることが多いので，普通の動画を撮影していては共有の際にも時間がかかります。そこで，外に観察に出たらすぐにタブレット端末を雲が映るように固定し，タイムラプス撮影を開始します。子どもたちが観察し終わる頃に撮影を終了すると，その間の雲の動きや量の変化を短時間で共有することができる映像資料ができます。集中力が続きにくい子どもへの支援にも効果的だと考えます。

○スロー撮影機能で変化を見逃さないように（流れる水の働きと土地の変化）

外で水を流して人工的に川を作り，浸食や運搬の働きを観察する際，大きな川を作ることは難しいため，どうしても変化は小さく，そして瞬間的なものになってしまいがちです。また，学級の人数が多いと，なかなか観察するのが難しい状況になる可能性もあります。そこで，普通に動画を撮影するだけでなく，浸食や運搬が起こっているところはカメラを寄せてスロー撮影をすることで，小さい一瞬の変化を見逃さなくなる映像資料ができます。

②顕微鏡に直接カメラを近づけて撮影する

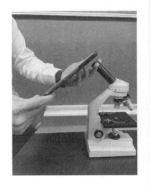

　個人が顕微鏡で観察しているものは，スケッチで記録するよう指導することが多いと思います。観察して気がついたことや見つけたことなどを共有する際，子どものスケッチと言葉だけでは，十分に気付きや発見が共有できない可能性があります。そこで，その子が顕微鏡で見ているものを全員で共有したくなるのですが，顕微鏡専用のカメラは設置に手間がかかるため，授業中に臨機応変な対応をすることが難しいのが課題でした。

　しかし，最近のタブレット端末についているカメラはレンズの口径が小さい上にタブレット本体も平らであるため，上の写真のように顕微鏡に直接近づけやすく，比較的容易に写真や映像を撮影することができます。コツとしては，子どもの手を借りて顕微鏡の接眼レンズや鏡筒が動かないようにすること，顕微鏡からタブレットを少し離した状態で見えることを確認してから少しずつ近づけていくこと，接眼レンズ面とカメラのレンズ面の向きが平行になるようにすること，などがあります。最初は少し苦労するかもしれませんが，慣れてくると短時間なら動画撮影もできるため，メダカのたまごの観察の際，心臓が動いているところや血液が流れているところなど，子どもにとってピントの調整が難しい対象についての気付きや発見を共有しやすくなります。

（関野　淳也）

理科

学習するべき内容に子どもが集中できる実験準備スキル

POINT
取り除ける「ノイズ」を実験準備で取り除く

■取り除ける「ノイズ」を実験準備で取り除く

　実験の結果が期待したものにならなかった，という経験のある先生方がいらっしゃると思います。もちろん実験は全てがうまくいくわけではありません。予備実験をしていても，いざ子どもたちが実験するとなるとちょっとしたことで結果が変わってくることはあるものです。その際には，なぜそのような実験結果になったのか，その原因を考えることで，子どもたちの問題解決の力を伸ばすことにつながります。

　しかし，本来その単元で学習するべき内容とは違うことについて議論をしていると，問題解決の力が付く反面，学習の時間が足りなくなってしまいます。少しでもそのような状況を減らし，単元で学習するべき内容につながる気付きや疑問に子どもたちが集中できるようにするためには，子どもたちの意識を分散させてしまう可能性のある「ノイズ」を減らしておくということが支援の一つとして考えられます。自然現象や実験方法に含まれる「ノイズ」は多々あると思いますが，次のような場面が例として挙げられます。

○食塩などを溶かす水には湯冷ましを使う

　小学5年生の学習内容である「ものの溶け方」の学習では，水にものが溶けるとはどういうことか，水に溶けたものはどのようになっているのかなど，目に見えていることから見えなくなったものの状態を探っていくことになり

ます。単元導入時から問題解決の様々な過程において，食塩やミョウバン，ホウ酸などの物質を水に溶かす実験に繰り返し取り組みます。

　その際，子どもたちにとっての「ノイズ」となり得るものとして，水道水の中に含まれている空気があります。そこで，あらかじめ水を一度沸騰させておくことで，水道水の中に含まれる空気をかなり減らすことができ，水に入れた物が溶けてなくなる現象にしっかり集中することができるようになると考えます。

○質量保存の法則を調べる際の電子てんびんは最小表示１ｇのものを使う

　小学３年生の学習内容である「ものの重さ」や，先に紹介した小学５年生の「ものの溶け方」の学習では，ものの形や向きを変えても，あるいは水に溶けて目には見えなくなっても，物の量が変わらなければ重さが変わらないことを学習します。これらの質量保存の法則について実験で調べる際，最近は電子てんびんを活用することが多いと思います。

　その際，子どもたちにとっての「ノイズ」となり得るものとして，微かな数値の変化があります。電子てんびんによっては最小表示0.1ｇのものも少なくありません。その細かさのため，こぼしてしまうなどの明らかなミスをしていないにもかかわらず，0.1ｇの変化が出てしまうことがあります。その程度の変化は誤差として捉える子どももいれば，数値として変化が出る以上，そこにこだわる子どももいるため，議論となってしまうこともあります。そこで，最小表示１ｇの電子てんびんを使用することで，子どもたちが質量保存の法則を理解することに集中できると考えます。

　ただし，正確に量る必要があるときには0.1ｇ表示の電子てんびんを使うなど，状況に応じて使い分けることが大切になります。

（関野　淳也）

理科

子どもの観察する力を引き出せる観察指導スキル

POINT
❶観察の視点を価値付けるための場を設定する
❷体のどの部分を使っているのか自覚化を促す

①観察の視点を価値付けるための場を設定する

　理科では，生き物の体のつくりや物が燃える現象などの自然事象を「観察」する活動が欠かせません。その際，見てはいるもののどういう視点で観察すればよいのかが分からなくて，新たな気付きや発見が生まれないなど，観察するということに関して困難さをもっている子は少なくありません。しかし，子どもたちは本来もっている観察する力を発揮できていない可能性があります。だからこそ，全ての子どもたちの観察する力を引き出し，具体的に「価値付ける」ことは，確かな観察の力を育成していくための支援の一つになると考えます。普段の授業の中で価値付けていくことも大切ですが，「本物を見ずにチューリップの絵を描こう」という場面をあえて設定することで，より多くの子を価値付けることができると考えます。

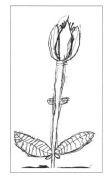

　チューリップを知らない子はいないと言っても過言ではありませんが，いざ本物を見ずに絵を描くとなると簡単にはいかないものです。小学3年生の子どもたちは，右の図のように自分の記憶の中にあるチューリップのイメージを絵にすることを通して，「花びらって何枚あるんだろう？」

「葉っぱってどんな形だっけ？」など，本物を観察するときにはっきりさせたいこと，つまり観察の視点を見出してきます。そのような姿が見られたら「なるほど，花びらの『数』に注目して観察しようとしているね。」「葉の『形』をはっきりさせたいって思っているんだね。」など，その視点を整理し，具体的に子どもに返すことで価値付け，子どもが自分の観察の力に自信をもつことができるようにすることが大切です。

②体のどの部分を使っているのか自覚化を促す

子どもたちは自然事象を観察する際，自分の目や鼻や手など体の様々な部分を使っています。無意識のうちに使い分けることができている子どもが多いのが実情かもしれませんが，具体的に体のどの部分を使って観察しているのかを子ども自身が自覚できるように声かけすることで，その子がもっている観察の力をより発揮することができるようになると考えます。

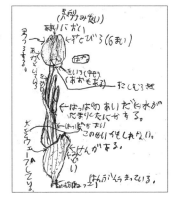

具体的な声かけとして，本物を見ずにチューリップの絵を描いたのち，観察する視点をもって本物のチューリップを観察している場面を紹介します。上の図は前ページの絵を描いた子の観察スケッチです。このスケッチを見ながら「花びらの数だけじゃなく，葉っぱに線があることまで見つけているね。目をしっかり使って観察しているのが分かるよ。」「花びらがつるつるしているのは触って見つけたんだね。手を使うとこんなことにも気がつけるんだね。」「チューリップもあまいにおいがするんだね。観察のときは鼻も使うといいんだね。」など，価値付けながら自覚化を促すことを心がけるとよいと思います。こういう声かけを重ねていくことで，この子どもはもちろん，周りの子の観察する力も伸びていくことが期待できます。

（関野　淳也）

生活

どの子も自信をもって活動に取り組める共通体験の場づくりスキル

POINT
❶お手伝い大作戦でやってみたい！を見つけさせる
❷思い出アルバムづくりで思い出の点と点をつなぐ

①お手伝い大作戦でやってみたい！を見つけさせる

　生活科の学習では，一人一人の子どもが自分の追求したい対象に対してじっくりと浸り，自由に活動の場を広げていくことができる授業づくりを目指したいものです。しかし，初めから「好きな○○をやってみよう」「自分の○○を作ってみよう」と投げかけると，すぐに自分のやってみたいことに夢中になる子もいれば，何から取り組んだらよいのか分からなくて活動をスタートできない子もいると思います。そこで，どの子もやってみたいことが見つけやすいように，学級みんなでやってみる共通体験の場を用意します。

　１年生の冬休みに行うことの多いお手伝い大作戦では，「どんなお手伝いがあるかな？」と尋ねても，これまでのお手伝いの経験の有無によって，考えにくい子もいるでしょう。また，「おそうじ」「お皿洗い」と言葉で出し合ってもイメージしにくい子もいることが考えられます。そこで，みんなで一つのお手伝いをする場を設定します。学校でできる「そうじ」や「くつそろえ」でもよいでしょうし，活動の幅を広げようと思ったら，「おつかい」もおすすめです。保護者に協力を依頼して，次のお手伝いで使えるものを子どもたちに買ってきてもらいます。例えば，洗濯洗剤を購入した子は，次に「せんたく」を，食器用ふきんを購入した子はその次に「しょっきふき」の

お手伝いをします。その後，学級の仲間で購入したものを見せ合う場を作ると，家庭にはいろいろなお仕事があることが目で見て分かり，やってみたいお手伝いがいくつか見つかることでしょう（表1）。

表1　おつかいで購入したものとそれを使ったお手伝いの例

買ったもの	お手伝い
・食器用洗剤	・食器洗い
・燃やせるゴミ袋20Ｌ	・ゴミ出し
・さいばしとラップ	・食事の用意と片づけ

②思い出アルバムづくりで思い出の点と点をつなぐ

　学年末には，1年間を振り返って，アルバムや巻物を作る活動を行います。
　低学年の子どもたちにとって，1年間の出来事を思い出したり，それらをつなげて考えたりすることは簡単ではありません。そこで，その年に発行した学級だよりや学年だより，連絡帳や日記を持ち寄って，大きなカレンダーにみんなで出来事を書き込んでいく活動を取り入れます（図1）。

図1　学級だよりから出来事を大きなカレンダーに書く

　心に残っていることは一人一人違っていると思いますが，友達の思い出を写真やその日の日記を見せ合うことで，より具体的に思い出せ，自分の心に残った部分を切り取ることもできます。また，みんなで作業をすることで入学したての自分と今の自分の姿がつながり，自分自身の成長にも気付くことができる楽しい活動となるでしょう（図2）。

図2　みんなでつくった大きなカレンダーから自分がアルバムにしたい出来事を選んで付箋を貼る

（釜田美紗子）

生 活

スモールステップで楽しく飼育・栽培活動ができるスキル

POINT
❶描きたいものがしっかり描ける観察カードに工夫する
❷文章記述や数量感覚に困難さをもつ子を支援する

①描きたいものがしっかり描ける観察カードに工夫する

　生き物の飼育・栽培を行う際には，観察記録をつけていくことが多いでしょう。しかし，絵を描くことに抵抗があったり，どうしても対象を小さく描いてしまったりする子もいるのではないでしょうか。そこで，観察カードに虫めがねのイラストを印刷したものを用意します。大きく見せてくれる虫めがねを意識すると，自然と大きく描くことができるようになります（図1）。

　大きく描くことができれば，教師の評価言などを通して無自覚だった生き物に対する気付きが自覚化されていきます。そのスケッチカードを掲示すれば，その多様な形の面白さに気付いたり，友達との比べっこにもつながったりして，学習の幅がぐんと広がります。また，観察の際には，活動にどのくらいの時間がかかるのか等，時間的な見通しがもてるようにしたり，活動の順番を簡単なイラスト等を用いて示しておいたりすることも大切です。一人一人が自分の活動に夢中になって取り組む時間の確保が必要な生活科では，特に大事にしたいポイントだと思います（図2）。

②文章記述や数量感覚に困難さをもつ子を支援する

　観察カードへの記述の部分については，書くことに困難さを抱えている子

図1　大きく描くことを意識することができる観察カード

図2　時間の見通しや活動の順を図示した板書

表1　観察カードに使う話型の例

きょうは，□□□□□のかんさつを　したよ。
きょうの□□□□は，□□□□だったよ。 　　　　　　　　　（いくつ）
まえは，□□□□だったから，　ふえた　よ。 　　　　（いくつ）　　　　　　　　へった
つぎは，□□□□□□になっていると　いいな。

や書くことに抵抗のある子には，その子の思いを先生が聞きとって代筆します。また，観察カードに使えそうな話型をいくつか用意しておくことで，その真似をして書いたり，選択して使ったりしていくうちに自分でも書けるようになっていきます（表1）。

2学期になり，アサガオの種取りをするときには，ジッパー付きの小さな袋やラップ等を用意しておき，種を10ずつまとめられるようにします。大きな数の理解が難しくても，3〜5粒の種から育て始めたアサガオが，10のかたまりがたくさんできるほどの数になっていることに気付くことができます。国語や算数の学習のみならず，伝えたいことを文字にする意識や数量感覚を楽しみながら養うことができるのも生活科の魅力だと思います。

このような支援を年間を通した生き物の飼育・栽培活動の中で行うことで，生き物の成長に気付いたり，たまっていったカードの自分自身がかいた名前やスケッチを見直すことで自分自身の成長に気付いたりすることができると思います。

（釜田美紗子）

音　楽

恥ずかしい気持ちが消える ほぐして声を出すスキル

POINT
❶心ほぐし，体ほぐしを意図的にする
❷音楽の時間以外にもほぐしておく

①心ほぐし，体ほぐしを意図的にする

　気持ちのいい歌声が響くクラスになるといいなと思います。子どもたちに出会って，歌の声が出ないとき，つい焦ってしまい「もっと大きな声で歌いなさい！」……なんて言ってしまうことも。でも，大きな声で叱っても，気持ちのいい歌声が響くクラスにはなりません。

　では，ほかの方法を考えましょう。硬くなった心と体を，手遊びや遊び歌などで少しずつほぐしていきましょう。それを積み上げることで，自然と声の出るクラスを作っていきたいと思います。

　手遊びや遊び歌は，レクレーションの講習会や保育の研修などへ行くと，たくさん学ぶことができます。まず，担任自身がやってみてその楽しさを体感してみるのがお勧めです。

　季節や気持ちに合わせた手遊びや遊び歌が，動きとともに自然と心に入り，体が動き出します。そこにいる人たちが思わず笑顔になっています。そんな楽しい経験をぜひ，教室でたくさんしてみてください。

　そこにクラスの子たちの特性に合わせた意図をもち（表1Ⓐ）さらに楽しく取り組むのが私たちの仕事だと思います。

②音楽の時間以外にもほぐしておく

音楽の時間以外に，朝の会・終わりの会・他の授業のすきま時間を使って，どんどん手遊びや遊び歌に取り組みます（表１Ⓑ）。心と体をしっかりほぐして，自然と気持ちよく歌声が響くクラスに育てていきましょう。

表１　実際に使っている手遊びや遊び歌

Ⓐ意図　Ⓑいつ	曲　名
Ⓐアイスブレイク Ⓑすきま時間，学活	どうぶつくるま（作詞：西井孝子，作曲：児島いづみ），春がきたらね（作詞・作曲：福田翔），こちょこちょでんしゃ（作詞・作曲：かば★うま），おはようおはよう（作詞・作曲：まつむらしんご）
Ⓐ季節感 Ⓑ朝の会，給食の待ち時間	春ですよ春ですよ（作詞・作曲：谷口國博），あの青い空のように（作詞・作曲：丹羽謙次），あめあめ大好き（作詞：山田美紀子，作曲：源悦子），どんぐりみつけたよドン！（作詞・作曲：山田美紀子）
Ⓐ手遊び Ⓑすきま時間	かんぱーい‼（作詞：高杉正，作曲：小沢かづと），グーチョキパーでなにつくろう（作詞者不詳），あけるよとびら（作詞・作曲：まつむらしんご），まげるまがーる（作詞・作曲：まつむらしんご）
Ⓐボディーイメージ Ⓑ朝の会，すきま時間	からだカルタ（作詞：高田さとし，作曲：山口たかし），くっついたくっついた（作詞・作曲：山田美紀子），ちょっとだけ体操（作詞・作曲：鈴木翼・山口たかし・高田さとし）
Ⓐ体育の時間 Ⓑマット運動の準備体操	だんご虫（作詞：山田美紀子，作曲：源悦子），忍者参上！（作詞：山田美紀子，作曲：児島いづみ），し・し・しのびあし（作詞・作曲：谷口國博）
Ⓐ息を合わせる Ⓑすきま時間	はなびてんか（作詞・作曲：山口たかし，高田さとし），ハブラシれっしゃ（作詞・作曲：山口たかし，高田さとし）
Ⓐ友達とのやりとり Ⓑ学活（SST），朝の会	ねえねえねえ（作詞：藤本ともひこ，作曲：増田裕子），なんでやねんのうた（作詞・作曲：かば★うま），びっくりばこ（作詞・作曲：山口たかし），きみクイズ（歌：オフロスキー）
Ⓐ行事への期待感 Ⓑ朝の会，学活	フレーフレー運動会（作詞：山田美紀子，作曲：源悦子），いもほりえんそく（作詞・作曲：山口たかし），サンタはいそがしい（作詞：平田明子，作曲：増田裕子），クリスマスの夜に（作詞：高杉正，作曲：荒巻シャケ）
Ⓐくすっと笑える Ⓑ朝の会，帰りの準備時間	ねこのピートシリーズ（エリック・リトウィン作，読み聞かせも），どっちもOK！（作詞・作曲：新沢としひこ）
Ⓐリラックス　Ⓑ帰りの準備	私と小鳥と鈴と（金子みすゞ作），いたいのとんでいけ（作詞・作曲：こじまいづみ），さぁ！（町田浩志作）

実際に私が使っているたくさんの素敵な曲の中から紹介しました。興味のあるものを調べて子どもたちと楽しんでみてください。

（後藤　幸子）

音楽

初めての楽器への見通しがもてるミニミニコンサートスキル

POINT
❶まずは教師がミニミニコンサートをひらく
❷アイデアを広げる

①まずは教師がミニミニコンサートをひらく

　初めての楽器との出会いはどうされていますか。いろいろな工夫があると思います。ここではその一案として教師のミニミニコンサートを提案します。
　リコーダーとの出会いの時間。担任が一人で，子どもたちの前で礼をし，リコーダー奏をします。これが立派なミニミニコンサートです。リコーダーの気持ちのいい音が教室に流れ，子どもたちがその心地いい音に耳を傾け，教師の演奏する姿を一生懸命見ています。この全てがリコーダーとの出会いです。
　リコーダーという楽器の形，音，息づかい，指の動かし方……これがこれからの見通しにつながります。
　曲は，どんな曲でも大丈夫です。短い曲を２，３曲演奏できれば，そのうち１曲は簡単で少し練習したらできそうな曲を入れておくと，さらに身近に感じられると思います。協力してくれる教師がいれば，複数でのリコーダー奏もさらにすてきです。
　大好きな教師が演奏する姿ときれいな音に引き込まれて，多動な子たちの動きが自然に止まり，吸い込まれるように見入る姿をたくさん見ました。最後は，かっこよく礼をして，子どもたちの拍手をもらってください。

②アイデアを広げる

このミニミニコンサート,いろいろなアレンジで発展させていくことができます。下の表1にアイデアの例を挙げました。

表1　アイデアを広げて

	アイデア	留意点
1	・いろいろな楽器でやってみる。 （楽器紹介として使う。）	・楽しそうに演奏したい。 ・演奏のポイントを意識して。
2	・子どもたちにも出演してもらう。	・簡単なもの 　{ シンプルな音 　　わかりやすいリズム } ・一度に全員でなく1時間1グループに。
3	・サプライズゲスト 　{ 協力してくれる教師を探す。 　（実は楽器ができる先生がたくさんいらっしゃいます。楽しいですよ。） }	・短時間で切り上げる。
4	・たまには,ミニミニじゃないコンサートに。	・子どもたちからの意見も聞きながら考えたい。

　この取り組みは,簡単にできるようにしておくのがミソです。簡単だからこそ,何度もできる。何度も繰り返すことで,静かにする,拍手をするという経験を少しずつ積み上げていきます。回数を重ねるごとに,見える視点が増え,じっくり聞くという心地よさも味わえます。また,出演する際には「できた」という満足感を味わうことができます。

　低学年で担任が音楽をするときや,特別支援学級や特別支援学校での音楽の時間に,ぜひ試してみてください。

（後藤　幸子）

図画工作

用具や材料が選びやすい環境整備スキル

POINT
❶用具はぱっと見て分かるようにする
❷自分で材料を選びやすいような提示を工夫する

①用具はぱっと見て分かるようにする

　図工の時間には，たくさんの用具を扱うので，使いやすく用具を収納します。用具の形に合わせ，整然と並ぶように専用用具入れ（ベニヤ板，10mmの角材，ボンド接着）を作ります。ぱっと見て分かりやすい環境を整えておくと，どの子も混乱せず用具の準備や片付けができます。「どんなふうに準備や片付けをしたらよいのか」の指示が減り，活動の流れもスムーズになります。特にのこぎりやカッターなどの刃物は，箱と用具にそれぞれ番号をつけると管理しやすく，うっかりして返していない子にも個別で声をかけることができます。

刃物には番号をつける

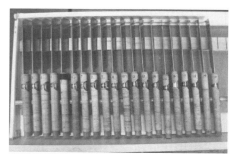

いつもきれいに片付きます

②自分で材料を選びやすいような提示を工夫する

　図工では,表したいことに合わせて自分で材料を選ぶ力も大切です。色だけでなく,材質や質感の違いも選べるように,材料ごとにかごなどに分けて提示します。また,提示する際には,材料の大きさや量も発達段階に合わせて調整すると,材料に目移りせず,表したい感じに合わせて材料を選びやすくなります。共同絵の具では,小さい紙コップに小分けしておくと,子どもの手に収まりやすく活動に集中できます。材料置き場も,活動に合わせて設定すると,取りに行くときに友達の作品を鑑賞する機会にもなり,イメージの広がりにもつながります。使い終わった紙などは,色の種類別のかごに入れておくといつも使いやすい状態で提示することができます。

種類ごとに材料を分けて提示する

使い終わった紙は,色ごとに入れる

小さい紙コップは持ちやすい

材料置き場で活動の動線が変わる

（畑本　真澄）

図画工作

不器用な子も絵の具の使い方が身に付く指導スキル

POINT
❶視覚情報を活用して，絵の具指導をする
❷形や色が具体的にイメージしやすい題材を提案する

①視覚情報を活用して，絵の具指導をする

　個人用の水彩絵の具には使い方に約束がたくさんあり，1年生から使うより，発達段階に適した3年生ごろに使い始めると，多くの子がスムーズに使いこなすことができます。しかし，使い方の指示が多すぎると，楽しく描きたいことを描けず，絵の具嫌いになってしまうこともあります。特に筆は筆先を使って描くので，肩やひじがうまく使えるようになる3年生以上が適しています。

　パレットの小さい仕切りは「絵の具の部屋」，広い部分は「色の工場」などと名付け，役割がイメージしやすい言葉で伝えます。絵の具は仲のよい色が隣になるように並べて出すと，色が混ざったときでも色が濁りません。黒

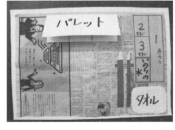

描く前の机の配置を提示する

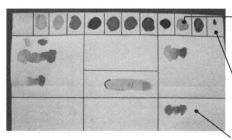

絵の具の部屋

黒色は少なく

色の工場

色や藍色の量を少なく表示することも効果的です。

②形や色が具体的にイメージしやすい題材を提案する

　楽しんで描くためには、描きたいと思える題材を提案することが重要です。子どもが具体的な形や色、大きさなど身近でイメージしやすいスイーツ（アメ、アイスクリーム、パフェ、ケーキなど）やお弁当、ピザなどをテーマにするとどの子も自分なりにイメージしながら楽しんで描くことができます。また、不器用な子も描きたいものの形や色を自ら工夫して描くことで、創造的な技能が身に付きやすいです。

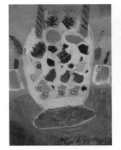

　全員が絵の具の準備ができたら、まず教師は子どもたちの前で一番初めの部分を描いて見せることで手順の説明を簡潔にすることができます。「とろっとした甘いクリームにしよう」と言いながら描くと表したい感じもイメージしやすくなります。次に「色を変えたいときはどうしたらよいかな？」とみんなで考えながら、目の前でやってみます。そのころには子どもたちは「はやく絵の具で描いてみたい」と気持ちが高まっていますので、長々と説明せず、描き方は子どもたちに任せます。形や

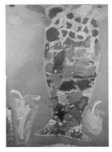

イメージをもって描くことで、筆づかいや水の量など自ら調整できるようになる

色だけでなく、「甘い味がしそうだね」「クリームが濃いね」「ここはどんな味がするの？」「ここはサクサクしそうだね」など五感に働きかけながら声をかけると、水の量や混色、筆づかいなどの指導が子どもにとって実感のあるものになります。一人一人が楽しみながら描けるようにすることが大事です。

（畑本　真澄）

63 描くのが苦手な子も安心して絵が描ける資料活用スキル

図画工作

POINT
❶完成の見通しがもてる資料提示をする
❷描くときのポイントや手順などを簡潔に板書する
❸一人一人の表現を認め合える雰囲気を大切にする

①完成の見通しがもてる資料提示をする

　物事を部分で捉えようとする子は，作品全体のイメージや見通しをもつことが苦手なので，教科書の作品などはICTを活用して1作品ずつ見せたり，2枚を比較しながら見せたりすると，これからの制作の大まかな見通しがもちやすくなります。また，描く風景をどんな大きさで切り取って描いたらよいかを考える場面では，描きたい思いに合わせ，実際の風景写真をズームや引きの構図，見る角度や視点の違いなどによる構図を考えられるように視覚支援をすると分かりやすくなります。

運動場を中心に描こうかな？

いつも見ていた町の様子もいいな
同じ場所からの風景

途中の作品も掲示すると，友達の表し方を参考にでき，次の見通しをもつことにもつながります。

②描くときのポイントや手順などを簡潔に板書する

図工においても板書はとても大切です。しかし，今日のポイントなどを確認したいときに，ぱっと見て分かるように簡潔な言葉で，制作のポイントや手順などを表示します。また，人物の表現では，表したい気持ちがよく伝わるポイントを話し合った後，「表情」「ひじ」「ひざ」「腰」「体の向き」などをキーワードに表示しておくと，めあてがずれやすい子も本時の学びに戻りやすくなります。

実際に表情や手や足の動きを確認したい子には，鏡を準備しておいたり，自分の体で確かめるように声をかけたりします。実際の姿では描きにくい子には，割ピンで関節を動かせるようにした手と足の掲示物を提示し，それを動かしてみることで理解が深まります。全員に必要ではない用具でも，発想や表現する様子を想定して準備しておくと，安心して自分の表現へとつながります。

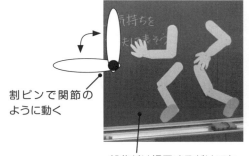

割ピンで関節のように動く

部分だけ提示するだけでもイメージしやすい

③一人一人の表現を認め合える雰囲気を大切にする

全員が同じような発想で，同じような表し方になることはないので，一人一人の工夫を認めていくことで，安心して表現できる雰囲気になります。随時互いの作品を見合う「鑑賞タイム」を取り入れ，交流したり付箋に工夫を書き合ったりすることで，上手や下手だけの評価にならないようにします。

（畑本　真澄）

図画工作

不器用な子もうまく彫れる彫刻刀の指導スキル

POINT
❶彫刻刀の持ち方は全員チェックし，安全指導をする
❷版木の両面に薄墨を塗り，何度も試せるようにする

①彫刻刀の持ち方は全員チェックし，安全指導をする

　彫刻刀を使うときは特に安全指導と「うまく彫れた」という実感が大切です。まず，作業板や滑り止めシート等を配布します。これらを使うことで，不器用な子も版木をしっかり押さえながら彫るという複雑な動きが軽減されます。
　彫刻刀は持ち方もいろいろありますが，いつも使っている鉛筆持ちが分かりやすく，使いやすいようです。ただし，彫刻刀（丸刀）の真ん中あたりを持つように指示します。必ず両手で彫るように目の前で見せたり，イラストを掲示したりして，安全指導は確実にします。また，浅く彫ると疲れず，美しく彫れるので，うまく彫れない子には手を添えて一緒に彫り，どれくらいの角度で刀を入れたらよいか実感できるようにします。

作業板を使い安全に

②版木の両面に薄墨を塗り,何度も試せるようにする

　まず,授業が始まる数日前までに版木両面に薄墨を塗り,版木の裏で何度も彫りを試せるようにしておきます。はじめはうまく彫れなくてもだんだんとすーと彫れるようになると,彫る手ごたえが気持ちよくなり,どんどん彫ってみたくなります。彫ったところが白くなり,どこをどんなふうに彫ったのかを確かめることができます。はじめは彫ることで精いっぱいでも,長い線やてんてん,なみなみ,かくかくなどいろいろな線彫りができるようにステップアップします。どこに試したらよいのか迷っている子には,教師がスタートの点や線を書くと安心して彫れます。全体の彫りの状態を確認し,徐々にステップアップし,板を回しながら彫ると円なども安全にきれいに彫れることも伝えます。さらに面彫りにも挑戦したり,彫刻刀の種類を変えて彫り跡の違いを見つけたりして,自ら彫刻刀の線の特徴を感じられるようにします。また,深く彫ると力が入り,けがをしやすくなるだけでなく,すぐに疲れてしまい,集中力も途切れます。浅く彫ると力がいらないので,ずっと美しい線で彫り続けることができます。「安全に彫れた」「思い通りに彫れた」という実感は次の制作への意欲につながります。

様々な線で彫ってみる

面彫りに挑戦

(畑本　真澄)

体育

戦術学習がうまくいく ホワイトボード活用スキル

> **POINT**
> ❶ホワイトボードは色や磁石で視認性を上げる
> ❷確認した戦術は事前にシミュレーションする

① ホワイトボードは色や磁石で視認性を上げる

　ボールゲームで勝つには，個人の力量ももちろんですが，チームとしての作戦も必要です。一人一人が考えていることがホワイトボードの上で目に見えて共有されることで，チームとして同じ考えで，戦術的に動くことができます。

　そのときに気をつけたいことは，「分かりやすさ」です。ホワイトボード上にはコートのラインや人の動きなどが多くの線で書かれることになります。予測される動きも書いていくとさらに量が増え，どれがどの線だったか分からなくなることもあるので，ホワイトボード用のマーカーは多色用意しておきましょう。また，あらかじめ体育館のコートがテープで示してある専用のミニホワイトボードを作っておくのもよいですね。

　一人一人の動きは，丸い色磁石に名前のテープを貼っておいたものを用意して動かすとイメージしやすくなります。（バスケットボールの作戦板はそれに近い作りになっています）

　チームとして大きなホワイトボードを使って戦術を考えたのち，自分の動きをマイホワイトボード上に復元してみるという方法もあります。

②確認した戦術は事前にシミュレーションする

　ホワイトボードでの戦術は，平面のものでしかありません。ここでいかに戦術を確認できたとしても，実際に動くときは高さと奥行きのある３次元の世界です。
　ですので，確認した戦術や作戦は，本番前にある程度動いてみることで，現実の立体感の中で体に覚えさせたりイメージさせたりする必要があります。
　それでは相手に作戦が見破られてしまうかもしれませんが，それよりは自分たちが戦術通りに動けるということの方が大事です。バレーなどのネット型ゲームに限らず，敵味方入り乱れるサッカーやバスケットボールなども，ボールの動きと自分の動きを連動させられるよう，少しでも体の中に動き方や戦術を入れておけるようにしましょう。

（吉野　晃子）

体育

66 運動量確保や動きの洗練化が図れる集合整列スキル

POINT
① 合図には太鼓とハンドサインを使う
② 並びっ子スキルでいろいろな集合を練習する

① 合図には太鼓とハンドサインを使う

　体育においては，集合も重要な動きの一要素です。動きの一つ一つの意味を伝え，意識付けを図りましょう。

　合図の音源はホイッスルでもよいのですが，響きがきついことと，審判の判定として使うことが本来の目的でもあるので，できれば体育用の太鼓を使うとよいでしょう。

　例えば「3・3・7拍子」を3回たたくうちに集まる，太鼓の音一つに言葉を対応させ，「立つ」はトントンと2回，「すわる」は3回などと決めます。

　また，ハンドサインも有効です。指2本は2列，3本は3人組，グーはグループ，パーは……というように対応させて示します。

　その他にも，太鼓に合わせて行進しながら16呼間のうちに集まる，太鼓が鳴っている間に集合し，集まったらその場で足踏みをして待つ，などの様々なバリエーションが考えられます。

　体育の授業では，運動量を確保することが大切です。集合や整列がスムーズにでき，不必要な言語指示や注意を減らしていけるように心がけましょう。

集まるだけでなく，集まったあとが大切です。周りの人にあたらないように体を止めて体育座りをし，次の指示を待つようにしましょう。

②並びっ子スキルでいろいろな集合を練習する

　集合だけでなく，整列も大事な体育の動きです。「並びっ子スキル」でいろいろな並び方や整列を練習しましょう。

　前項①の太鼓やハンドサインを使った集合のほかに，「指定席並び」「自由席並び」も練習します。指定席とは個人やグループが固定の場所に並ぶことで，自由席は好きな場所に並ぶというものです。ラインやサークル，コーン等を使って並ぶ場所を提示すると共に，並んだときの「立ち方」「座り方」「友達への声のかけ方」「整列の仕方」なども指示をします。

　一連の動きを「並びっ子スキル」として位置付けることにより，集合や整列も大事な体育の一つだと意識付けることができ，運動量が確保できるとともに動きの洗練化も図れます。

（吉野　晃子）

体育

自分と仲間の体と心を整える体つくり運動の指導スキル

POINT
❶サーキットとして授業開始時に組み込む
❷ペアやグループを作って動かす

①サーキットとして授業開始時に組み込む

　学校や子どもの実態に応じ，不足していたり必要としていたりする基礎感覚をサーキット運動として設定します。その際は，動き一つ一つに分かりやすい名前を付け，1つの動きを30秒〜1分程度とし，全部行っても最大5分以内で収まるようにします。また，体育館バージョンと校庭バージョンを作っておくと動きの幅も広がります。

　低学年では，「多様な動きを作る運動遊び」となるサーキットにします。例えば「クモ歩き・グリコのポーズ・川わたり・ブリッジ・タオルピッチング」などの動きを組み合わせます。中学年は「クモ歩き」を「カエルの足うち」に，「グリコのポーズ」は「Y字バランス」へと難度を上げるとよいでしょう。

　校庭では床に手がつく動きは避け，例えば「スキップ・カンガルージャンプ・タイヤや馬跳び・各種遊具・コーディネーション運動」などを組み合わせます。

　時間に応じた音楽を作り，音楽が変わると動きを変えていくようにすると分かりやすいでしょう。デジタイマーのプログラム機能も使えます。

　体育館を構造化し，場所によって動きを決めておき，音楽が変わったらその場所へ移動して次の動きを行います。その移動の際も，ケンケンや後ろ歩

コートの場所と動きを対応させます。ラインを効果的に使用しましょう。

ペアでの運動は，相手とのタイミングを合わせられるように，使う言葉かけを意識させましょう。

きなど運動要素を入れるとさらにバリエーションが広がります。

②ペアやグループを作って動かす

　体つくり運動には，約束を守り仲間と助け合って動くという態度面のねらいもあります。2人組や3人組，5人組などをあらかじめ作っておくとよいでしょう。動きが切り替わるごとに並び順が1つずれるようにしておくと，先頭が入れ替わるので子どもの気分も意識も変わります。

　移動の動きはそのときの先頭の子どもが決め，グループ員は先頭を見ながら同じ動きを真似るようにします。体育が苦手な子どもも，自分の動きを仲間が真似てくれることが嬉しく，張り切って動きを考えてくれます。

　そして，サーキット終了後や授業の最後にはグループでの振り返りを行います。よかったところや気付いたことを出し合うことで仲間づくりにもつながります。

(吉野　晃子)

体 育

どの子も逆上がりができるようになる巻き上げ練習スキル

POINT
❶逆さ回転感覚を楽しく身に付けさせる
❷グループ作戦で逆上がりをブームにする

①逆さ回転感覚を楽しく身に付けさせる

　逆上がりは，できたかできないかが一目瞭然で分かる鉄棒技です。この技ができなければ，その後の鉄棒や体育への意欲にもかかわるかもしれません。

　逆上がりができるためには，日常生活では経験しにくい「逆さ」「回転」「四肢の締め」などの感覚が必要になります。この「基礎感覚」を楽しくたくさん経験させられるようにしていきましょう。

　そのためには，させたい動きに対して「ダンゴムシ」「布団干し」「だるま抜き」など子どもに分かりやすいネーミングをつけて授業の最初に継続して行っていくとよいでしょう。鉄棒の単元のウォーミングアップとして，これらを組み合わせた「鉄棒セット」としてどんどん練習させましょう。

　また，床やマットの上に細いバーなどを置き，おなかや背中の広い部分がそこに引っ付いている状態で逆さ感覚（「寝転がり逆上がり」）を経験させると怖さが薄らぎます。

　校庭では，登り棒やジャングルジムなどの遊具も有効です。体を締める感覚や，狭いところで回る感覚などを楽しんで味わわせたいものです。

②グループ作戦で逆上がりをブームにする

　逆上がりは低学年でぜひともクリアーさせたい技ですが,体育の授業だけでは十分な練習時間が取れません。

　そこで,休み時間や放課後などに自分たちで練習してくれるよう「ブーム」を作りたいものです。そのためにはグループ作戦が有効です。

　3～4人のグループを作ります。そのうちの一人以上は逆上がりができる子とし,もう少しでできる子とまだできない子と組ませます。できる子はもう少しの子にコツを教え,そのうちその子たちができるようになればまだの子を応援しながら練習していきます。薄いタオルをお尻の下にあてて端を両手で鉄棒と一緒に握るとおなかが鉄棒に近づき回りやすくなります。全員できるようになればグループ作戦大成功！です。

（吉野　晃子）

体育

投げる力が楽しく身に付く 投力アップ指導スキル

POINT
❶タオルや紙鉄砲を使って動作のイメージ化を図る
❷理想的な動作の模倣ができる環境を設定する

① タオルや紙鉄砲を使って動作のイメージ化を図る

　「投げ」は全身を鞭のようにしなやかに動かしながら行う動作です。だからこそ，腕だけではなく，重心の移動や上下左右の協調など，難しさを伴う動きでもあります。また，男女や個々の経験値の違いも影響します。

　そこで，タオルや新聞紙など身近なものを使って投げ動作の類似の運動をみんなで楽しく行います。

　タオルは体育時の必需品として，毎時間持たせます。温泉施設にあるような薄手のものがよいです。紙鉄砲は新聞紙や広告紙を利用して作っておきます。このほかにメンコなども使えます。授業のアップとして行います。

　タオルの端を握らせ，投げ動作を行います。実際にタオルは投げず，投げ手の大きな振り，体重移動，胴体部を中心としたひねりや反対の手を前方に伸ばすことなどを意識させながら投げ動作を練習させます。

　紙鉄砲を使うと，うまく投げられたときにはパンっと大きな音がしますので，その音を目安にして腕や手首のスナップを使えたかを確認します。

　練習の際には，「1・2の3」とか，「うんとこ，しょ」など，声を出して動きと合わせるようにさせるとよいでしょう。

②理想的な動作の模倣ができる環境を設定する

　①で述べたように,投げの動作は全身運動であり,各部の協調が求められます。そして,どんな動作がよい動作,正確な動作なのか,子どもではイメージが持ちにくい動きでもあります。

　そこで,体育館内のどこかに正しい動きの写真を貼っておき,その写真を見ながら練習を行うこともおすすめです。写真はプロ野球のピッチャーのフォームをコマ送りにしたものを,できるだけ大きく印刷して掲示するとよいでしょう。

(吉野　晃子)

体育

70 勝ち負けにこだわりがちな子も参加しやすい役割とルールの設定スキル

POINT
❶審判や得点係などの役割を誰もが経験する
❷好ましい態度や動きにプラス得点を与える

①審判や得点係などの役割を誰もが経験する

　体育は個人やチームで戦い，勝敗がつくことが多い科目です。そうなるとどうしても勝ち負けにこだわり過ぎる子どもや，負けて悔しい気持ちを上手に消化しにくい子どもが出てきます。自分の気持ちが大きく揺れたときにどのような行動を取るのかは，その後の社会性にも影響します。

　ゲーム競技にはルールがつきもので，実際には審判がルールをもとに判断を行い，プレーヤー以外の得点係などが運営を手伝うことになります。ここでは，その役割である審判や得点係などを誰もが経験することにより，その責任や誇り，難しさを味わうことをねらいます。

　こだわりの強い子どもには，まず「計時」「得点」など取り組みやすい係を経験させましょう。その際には「よく見ていたね」などの言葉をしっかりかけてあげることや，ゲーム終了時には「係の人のおかげで気持ち良いゲームができました」とみんなの前でねぎらうことが必要です。

　また，審判などの難しい役割をやってもらう際には，最初のうちは教師の横につけて同じ目線でプレーを見せ，「今のはアウトだね」などと一緒に確認していきましょう。子どもが安心して最終的な判断（＝ホイッスルを吹く）ができるように応援していきます。

②好ましい態度や動きにプラス得点を与える

　例えばバスケットボールではシュートが入ったときのみ得点となりますが、そうすると運動スキルの優れた子どもしか喜びを味わえません。

　「今日はリバウンドを取ったら1点」「仲間が取りやすいパスをしたら1点」など、このゲームで頑張るべきポイントをルール化して意識させましょう。チームの得点でもいいし、個人得点の部を作ってもいいでしょう。

　実際に動かす前には、「これが1点の基準」だと明確に示し、子ども自身が納得して動けるよう必ずシミュレーションさせておきましょう。そして、日常生活でも「相手のことを意識して動いたね、バスケの1点が生きてるね」と声をかけてあげることにより、般化につなげたいものです。

（吉野　晃子）

外国語・外国語活動

見通しを立てて参加できる スケジュール提示スキル

> **POINT**
> ❶本時の活動を順番に黒板の隅に書いておく
> ❷印を付けてどの活動をしているか明示する

①本時の活動を順番に黒板の隅に書いておく

　外国語・外国語活動は，楽しみにしている子どもも多いのですが，英語を聞き取ったり，発話したりと，自分の知らないことや曖昧なことを受け入れないといけないことが多い活動・学習です。見通しが立たないことに不安を感じる子どもには，少し負担が多いかもしれません。「どんなことをするのかな。分からなかったらどうしよう。」そんな不安を持っている子どもも少なからずいます。そこで，活動が始まる前に，黒板の隅に，"Today's Menu" として，本時で活動する内容を縦に箇条書きにしておきます。

　はじめは，日本語のほうが分かりやすいと思いますが，次第に慣れてくるうちに，英語で書いても子どもも分かるようになります。外国語・外国語活動には，ALTや英語を助けてくれる方など，担任以外の人も参加することが多くあると思います。その人たちにとっても，また指導者にとっても，することがはっきりと分かります。役割分担をはっきりとさせることは，ティームティーチング成功の素です。"Today's Menu" は，ティームティーチングにも役立ちます。

②印を付けてどの活動をしているか明示する

　活動が始まったら，掲示した活動が終わるごとに，花丸を付けたり，矢印やかわいいキャラクターなどを進めたりして，今どの活動をしているかが分かるようにしましょう。今何をしたらいいかが分かるだけでなく，あと何をしたら終わるかも分かり，安心の素になります。

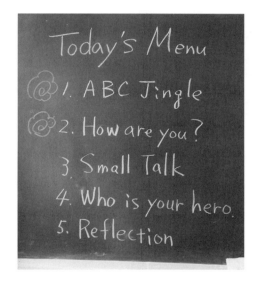

（松﨑　敦子）

外国語・外国語活動

どの子も発話でき定着する手拍子チャンツスキル

POINT
❶リズムに合わせて繰り返し発話する
❷いろいろなバリエーションでチャンツする

①リズムに合わせて繰り返し発話する

　外国語・外国語活動は，にぎやかにワイワイ活動しているイメージがありますが，個別に子どもを観察していると，実は全く発話していなかった！なんていう子どもがいたりします。せっかくの活動ですから，個別に話すチャンスがほしいですね。そのために，授業の始めに，手拍子をしてチャンツ（リズムに合わせて繰り返し発話する活動）を取り入れてみましょう。

　トントンと手拍子を二回打ち，"How are you?"と一人の子どもにみんなで問いかけます。そして，またトントンと二回手拍子を打ち，"I'm fine."と子どもが答えます。答え方は，一回目は"I'm fine."だけでもいいですが，回を重ねるごとに"I'm good."や"I'm hot."など，バリエーションを増やしていきます。そのときの気持ちや状態が言えるようになるといいでしょう。一人が答えたら，席順に次々と繰り返していきます。一人４秒ぐらいですから，40人学級でも慣れてくれば３分でできます。

　スムーズにできるようになったら，リアクションも入れてみましょう。トントン"How are you?"トントン"I'm fine."トントン"Really?"トントン"How are you?"トントン"I'm hot."トントン"Me, too."といったように行います。

②いろいろなバリエーションでチャンツする

　"How are you?"のチャンツに十分に慣れ親しんだら，いろいろなバリエーションのチャンツに挑戦してみましょう。
　"What color do you like?"　　"I like blue."
　"What animals do you like?"　"I like dogs."
　"Can you swim?"　　"Yes, I can."　　"Can you sing well?"
"No, I can't."
　ここで注意してほしいことは，あくまでもチャンツですから，リズムに合わせやすく，簡単に答えられるものにしましょう。リズム感のないものや，答えを深く考えてしまうようなものは，チャンツがつながらず，子どもがつまらないと感じてしまいます。

（松﨑　敦子）

外国語・外国語活動

アルファベットの形を体で表すABC体操スキル

POINT
❶一番多く発音される音を教える
❷アルファベットの形を体で表現する

①一番多く発音される音を教える

　Aという文字は，ローマ字では「あ」と読みますが，英語では必ずしもそうではありません。しかし，Aの場合，パーセンテージとして一番多く発音される音が「あ」ですから，「エイ，あああ」と唱えてよいと思います。基本的には，一番発音のパーセンテージの多いものを発話させます。詳しくは，文部科学省発行の外国語活動副読本『We Can!』1・2のアルファベットジングルを参考にするとよいでしょう。

　母音であるA，I，U，E，Oは，「エイ，あああ」「アイ，いいい」「ユー，あああ」「イー，えええ」「オー，おおお」。ここで，紛らわしいのが，「ユー，あああ」です。Up，umbrellaなど，「あ」で発音される場合が多いです。しかし，これがローマ字学習になると「ユー，ううう」と発音しないといけないため，ローマ字学習と外国語活動の違いを子どもにはっきりと示しておくことが必要です。

　残りの子音については，発音を正しくさせることに注意をむけます。母音とくっついていないので，例えばKの場合，「ケー，かかか」ではなく，「ケー，くっくっくっ」といった感じです。正確に言うと「く」でもないので，表記できず悩ましいですが，音声を確認してください。

②アルファベットの形を体で表現する

　Aという文字を子どもに見せて，これを体で表してみようと投げかけます。子どもは図のように様々な形を考えます。どれも正解です！　てっぺんがとがっていることや，左右対称であること，下に行くほど広がっていることなど，アルファベットの形の特徴を捉えて，様々な形を体で表現できます。いろいろな表現を子どもに見せて，形を確認していくといいでしょう。

　文字によっては，子どものほうから「一人じゃできない。友達とやっていい？」と二人組を作って表現する文字もあります。H，M，Wなどの文字です。友達とワイワイ考えながら形を作っていく姿は，なんともほほえましいものです。

(松﨑　敦子)

外国語・外国語活動

自信をもって交流できる 先取り活動・交流スキル

POINT
❶交流学級での活動内容を先取りする
❷特別支援学級での外国語活動を充実させる

①交流学級での活動内容を先取りする

　特別支援学級に在籍する子どもで，外国語・外国語活動は，交流学級で交流するという子どもも多いと思います。そこで，自信をもって楽しく交流できるように，特別支援学級で先取り活動・学習をしてみましょう。

　成功のカギは，担任の先生との連絡です。外国語・外国語活動がある日の3日前には，どんなことをするのか，どんな単語や文型が出てくるのか，聞きに行きましょう。そして，前日か当日の交流学級の外国語・外国語活動の前に，先取り活動・学習をします。少人数あるいは個別で活動・学習できるので，子どもも安心して発話したり，考えたりできます。失敗も恐れずチャレンジすることもできるでしょう。

　実際，先取り活動・学習をして交流した子どもの様子を見てみると，していないときよりも，表情は自信に満ちて，友達と一緒にやってみよう，言ってみようという積極性が見られました。小さな成功体験の積み重ねが「外国語・外国語活動が好き」という気持ちにつながっていくといいと思います。

②特別支援学級での外国語活動を充実させる

　特別支援学級での外国語・外国語活動は，少人数であることや，個別の特性に配慮した活動・学習が工夫されて，子どもも担任も楽しい活動が展開されています。歌やビデオを使ったり，色や数，世界の国々の様子などを題材にしたり，時には料理なども楽しいでしょう。

　それぞれの子どもの好きなものを題材にして，活動・学習していくのもいいですね。担任の先生のアイデア次第でぜひ，特別支援学級の外国語・外国語活動を楽しいものにしていきましょう。

（松﨑　敦子）

道　徳

気持ちが理解しやすい感情曲線活用スキル

POINT
❶感情曲線を活用して主人公の心情の変化を読み取る
❷主人公と自分との関わりを考える

①感情曲線を活用して主人公の心情の変化を読み取る

　道徳の授業では，読み物教材の登場人物への自我関与が重要になってきます。登場人物の思いだけでなく，「わたしは……」「あなたは……」という子どもたちの思いが大切になります。そのためには，教材文を読み，学級の子どもたちが共通のステージに立つ教師の工夫が必要です。導入の工夫，板書，場面絵の活用が必要です。その工夫の一つとして感情（心情）曲線があります。

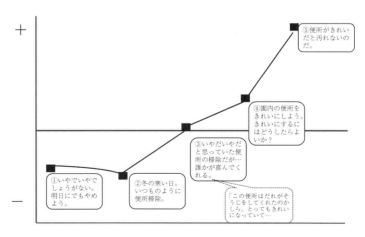

○「ぼくの仕事は便所そうじ」(『みんなで考え,話し合う　小学生の道徳６』廣済堂あかつき)から
　主人公は動物園に就職した16歳の青年です。その主人公の立場に立って,プラスの感情(嬉しい・楽しい・誇らしい),マイナスの感情(つらい・嫌・やめたい)を縦軸に,時間の経過を横軸に取り,主人公の感情の動きを座標に落としていきます。
　《①最初の感情》汚れた便所を毎日そうじしなければならない。いやでいやでしょうがなくて,明日にでもやめたい。
　《②最初の感情》冬の寒い日のことである。
　《③決心の感情》「この便所はだれがそうじをしてくれたのかしら。とってもきれいになって……」きれいな便所ならきっと誰かが喜んでくれる。
　《④行動へ》園内の便所をきれいにするにはどうしたらよいか？
　《⑤労働の価値の発見》便所がきれいだと汚れないのだ。
　教材研究のときから感情(心情)曲線を利用すると,授業のポイントも絞ることができます。主人公の変化のきっかけを鮮明にした授業づくりに役立ちます。

②主人公と自分との関わりを考える

　一方,「読み物道徳」と言われる,登場人物の心情理解に終始する授業から,「考える道徳」への転換が必要です。
　登場人物に自我関与し,自分との関わりで考える授業,自分との関わりで道徳的価値を考える授業を目指したいものです。
　学級内での仕事や係活動,当番活動,家庭での手伝い,地域社会でのボランティア活動などで,「やってよかった」「これからも続けたい」という経験を話し合うことで,子どもたちの内面的資質が高められます。

(松尾　和宣)

道徳

状況理解が難しい子も分かる ミニ場面絵活用スキル

> **POINT**
> ❶場面絵を活用する
> ❷状況理解・登場人物の心情理解をはかる

①場面絵を活用する

　道徳の時間の基本は，学級の子どもたち全員が共通のステージに立っていることです。1時間の学習の中で，読み物教材を読み，「教材の骨格」をつかみ，「主人公の心の変化」を捉えることが大切になります。

　しかし，学級の子どもたちを見てみると，教材文を読むことでかなりの時間を費やす子どももいるはずです。教材文の内容理解が，共通のステージに立つ大前提となります。そこで，内容理解に大きな支援となるのが，場面絵（挿絵）です。

　道徳の教科書には，たいていの教材文に適切な場面絵が掲載されています。その場面絵を拡大し，板書の一部に活用し，状況の整理，子どもの発言や気付きなどを書くことで，学びも深くなっていきます。

②状況理解・登場人物の心情理解をはかる

　「親切の旅」（『みんなで考え，話し合う　小学生のどうとく３』廣済堂あかつき）の教材を使い，場面絵を活用した指導の工夫について考えていきたいと思います。この教材では教科書に３枚の場面絵が掲載されていますので，場面に合わせて教材文の状況への理解を促します。

○１枚目の場面絵
　主人公の女の子が東京へ行くために母親と電車に乗るところから物語は始まります。ここで子どもたちに理解させたいのは次のとおりです。
・電車は満員
・三人組のおじいさん，おばあさんが，電車に乗ってきた
・一人は杖をついている
・主人公の女の子の気持ち　等々

○２枚目の場面絵
　主人公が席を譲ろうとしたことで，周囲の人々が，席を譲り始めます。ここでは，次のことに着目させたいです。
・大学生の女の人がおじいさんに話しかけている様子
・男の人も後に続こうとしていること
・主人公の女の子の気持ち

○３枚目の場面絵
　女の子の晴れ晴れとした気持ちが，その表情から読み取れます。母親との会話を，この場面絵から確かめ，女の子の行動と気持ちの移り変わりが分かる場面について，深く話し合うことができると思います。
　教材研究では，教材文だけでなく場面絵も深く読み取る必要があります。

（松尾　和宣）

総合的な学習の時間

77 協同学習が苦手な子も参加しやすい地域人材活用スキル

> **POINT**
> ❶多様な人材に出会わせる環境をつくる配慮をする
> ❷可能な限り実物を教材にした取り組みを考える

①多様な人材に出会わせる環境をつくる配慮をする

　学校内での「人」との出会いは，ある意味限られています。クラス内の仲間，学級担任，学年，専科の教員と意外と狭い人間関係の中で，子どもたちは学びをつくっています。当然のことながら，その狭いエリアの中で人間関係を上手に紡ぐことができず，困っている子どももいるように見えます。

　そこで，各校では，保護者・地域の人材を有効に活用し，日々の教育活動に取り入れていこうとする流れがあります。新学習指導要領の「地域に開かれた教育課程」の理念にも適う取り組みです。

　また，地域にはまだ手付かずの教育資産が隠されているかもしれません。このように地域の価値を生かして，地域人材を取り込み，「人」と関わることで子どもが，地域の方々と新しい学びを創っていく機会になるかもしれません。ここでは，校区内に古くからの商業施設（市場）がある小学校の取り組みを紹介します。

②可能な限り実物を教材にした取り組みを考える

　小学校校区内には，歴史のある市場があります。しかし社会の流れの中で，「シャッター商店街」と化した部分も多くみられます。そのような地域の抱

えている課題と小学校がコラボし，5年生総合的な学習の時間「お店を開こう」が生まれました。地域を活性化させたいという地域の思いと子どもたちに多様な人々と出会わせたいという学校の思いが結び付いた取り組みです。

　地域の商店街・市場の現状のリサーチから子どもたちの活動はスタートします。商店街・市場の商店主を招いて，現状分析から「はたらく」意味，地域を子どもたちに託す思いが語られていきます。「商売の基本は元気なあいさつ」「お釣りを間違うだけで今まで作ってきた信用がくずれる」と言った商店主の話も聞きます。

　その後，小グループごとに自分たちが持ちたい店を決め，目的に沿った商店主の助言を得ながらお店作りの準備に取り組んでいきます。子どもたちは，商店主の方と商売で大切なこと，仕入れの仕方，販売方法，宣伝手段等を学びます。

　ここでは，フルーツ，和菓子，文房具，ハム・ソーセージ等の実物を販売します。原資は，PTA等の援助です。

　休日を使って，子どもたちの「お店」は開店します。普段は閑散としているシャッター商店街もこの日ばかりは，賑わいを見せます。教室では，あまり声の出ない子どももこの日ばかりは，「いらっしゃい！」と声をあげます。

　これまで関わりのなかった保護者・地域の方とのふれあいも見ることができます。

　売り切れた「お店」から後片付けと清算作業にはいります。売れ残りのある「お店」は，グループで相談し，値引きで完売を目指します。

　売上からPTAからの原資を引いた儲けについては，学級会，学年で相談し，学校図書館への本の寄贈，災害被災地への義援金等に活用されます。

　現物を使うことで，子どもたちの関心・意欲は高まります。地域の方との新しい出会いも期待できます。

　「多様な人々との協働を促す」教育活動は，子どもたちに新しい人とのつながりを創ります。

（松尾　和宣）

総合的な学習の時間

苦手な子も質問できる インタビューの指導スキル

POINT
❶人とのふれあい・関わり合いの面白さを実感させる
❷インタビューに関するワークシートを作成し活用を図る

① 人とのふれあい・関わり合いの面白さを実感させる

　子どもたちは，小学校入学後，1年生「がっこうたんけん」2年生「まちたんけん」等，生活科等の活動の中で，インタビュー（聞き取り活動）をします。1年生では，学校内で自分たちの学習や生活を支えてくれる先生方や職員の方々と出会い，疑問に思ったこと，知りたいことを自分の言葉で質問し，学びをつくっていきます。笑顔で質問に応えてくれる先生方との関わりを通して，人と関わることの楽しさも感じているはずです。

　2年生では，自分たちの生活の基盤である町にも飛び出し，公共施設や店舗等，自分たちのくらしを支えてくれる人々とも出会います。

　低学年でのこのような活動を通して，質問の仕方，マナー等の基礎は身に付けていると考えられます。

　3年生以降の「総合的な学習の時間」では，さらに，活動内容に応じた質問の設定や，アポイントメントの取り方，質問内容の聞き方，対応等の力を育んでいきたいと考えます。

　多様な人々と関わることで，価値観の多様性を感じ取り，子どもたちの「生きる力」の育成にもつながります。子どもたちと地域の方々の出会いがより素晴らしいものになるよう，「出会い」の準備を丁寧にしましょう。

❷インタビューに関するワークシートを作成し活用を図る

```
                    しつもんカード
１．あいさつ
○「こんにちは」：元気な声！　えがおで！
　「今，おじかんはありますか」：仕事でお忙しいかもしれません。まずは，
　　　　　　　　　　　　　　　　相手のご都合をききましょう。
２．じこしょうかい
○（　　　　　　　　）小学校○年生　　名前（　　　　　　　　　　）です。
　よろしくお願いします。
３．活動の説明
○今，私たちは，総合的な学習の時間の学習で，
　（　　　　　　　　　　　　　　）について調べ学習をしています。今日は，
　（　　　　　　　　　　　　　　）のことを調べたいと思います。ご協力を
　お願いします。
４．しつもん
　①　　┌────────────────────────────┐
　②　　│・見学をさせていただくときは，仕事のじゃまにならないように│
　③　　│　気をつけましょう。　　　　　　　　　　　　　　　　　　　│
　④　　│・写真は許可をとってからさつえいしましょう。　　　　　　　│
　　　　└────────────────────────────┘
５．おれい
○「おいそがしいところ，私たちにいろいろ教えてくださり，ありがとう
　ございました。」
```

　子どもたちは，人との出会いについて，期待感をもっています。しかし，はじめて会う人，その人に様々なことを質問し関わりをもつことについては，かなりの不安を感じている子どもがほとんどでしょう。その子どもたちのドキドキ感を解消し，少しでも安心し，楽しい出会いを創るために，事前の丁寧な仕込みが必要です。

　「しつもんカード」を個人で作成し，グループで確かめ合い，質問内容等を吟味し，分担することで，学習内容の深まりも期待できます。

（松尾　和宣）

特別活動

自己表出が苦手な子も活動できる児童会活動スキル

POINT
❶自分の「得意」なものに気付かせる
❷「得意」なものを発表する機会をつくる

①自分の「得意」なものに気付かせる

　多くの学校では，音楽会，運動会等の学校行事で，日々の学習の成果を発表する学校行事が用意されています。ここでは，組織的，計画的に取り組みを進め，保護者や地域にその成果を発表し，子どもたちの成長の跡を確かめ合う活動がなされています。ただ，全ての子どもが，自分の興味や関心に沿って，意欲的に取り組んでいるかは疑問です。

　全体での見栄え・聴き映えという完成度を高めることはもちろん学校教育にとっては価値のあることです。このような活動を通して，学校の評価も高まっていくことは大いに期待できることです。

　一方，私たち教師が仕組んだ枠内に入りきれない子どももいることは考えられます。「自分の得意なものを見てほしい」「趣味の同じ友達とグループで発表したい」そんな子どもたちの隠された思いを実現させることも必要です。

　ここでは，「特別活動《児童会活動》」の中での，「得意技コンテスト」の活動を紹介します。

②「得意」なものを発表する機会をつくる

《流れ》
・個人あるいはグループで発表できる「得意技」を考える。
　※希望を大切にし，発表を無理強いしない。
・児童会活動の代表が，コンテスト全体を取り仕切る。
・発表内容については制限は設けない。但し発表時間は制限する。
・発表者が多数のときは，プレ発表会（オーディション）等を行う。
・教職員の発表もOK。
・保護者・地域の方々の参観（鑑賞）も呼びかける。

《内容》
・なわとび　・ダンス（グループ）　・ピアノ演奏　・ヴァイオリン演奏
・うた　・跳び箱　・コント（漫才）　・ギター演奏
・教職員によるダンス

　普段は見ることのできない姿が舞台の上で披露されていきます。一人での発表から，きょうだいによるピアノ演奏，学年を超えたグループでのダンス等，さまざまです。

　「得意技コンテスト」に至るまでは，募集から本番まで，児童会活動担当者にとっては，けっこう厳しい日程かもしれませんが，意外な子どもたちの意外な発信力が期待できます。

　また，教職員集団が登場（時間の関係でビデオも）することで，教師集団のまとまりを子どもたちや保護者・地域の方々に伝えることもできます。学校の見方・評価も変わるかもしれません。もちろん，よい方向に。

（松尾　和宣）

特別活動

発表が苦手な子も手が挙がる話し合いスキル

POINT
❶学級活動「話合い活動」の役割分担を工夫する
❷ペアトークを機能させる場づくりを考慮する

①学級活動「話合い活動」の役割分担を工夫する

　学習指導要領において，学級活動は「学級や学校での生活をよりよくするための課題を見いだし，解決するために話し合い，合意形成し，役割を分担して協力して実践したり，学級での話合いを生かして自己の課題の解決及び将来の生き方を描くために意思決定して実践したりする」ことを目標にしています。

　しかし，学級内には自分の考えをもてない子ども，意見をもってはいるものの口に出すことに躊躇する子どももいます。

　そのような子どもが，学級の一員としての立場を認識し，学級の課題を捉え，解決に向けて考えをもち，伝えるためには，話し合い活動についての仕組みが必要です。まずは，話合い活動が活性化するための役割分担が大切だと考えます。

- 提案者：議題を提案した理由を学級の仲間に分かるように話す
- 司会者：できるだけたくさんの人の考えが発表できるよう努める
- サブ司会者：時間配分に気を付け，司会者をサポートする
- 黒板記録：意見の違いや決まったことを記録する

　このような，役割分担と仕事内容を指導し，学級活動の土台を作ることを目指しましょう。また，子どもたちが多様な役割を経験する配慮も必要です。

②ペアトークを機能させる場づくりを考慮する

　学級内での話合いの基礎は，ペア（二人組）です。教育活動全体を通して，少人数での活動が盛んになっていますが，少人数での活動のベースは二人組です。

　普段の学校生活で意識的に二人組で話し合わせる機会をつくりたいと考えます。

○簡単なおしゃべりから：「今日のあさごはんは？」「すきな動物は？」などの何気ない会話の経験を積ませていくこと。そして，ペアを変えていろんな友達と話す経験を積ませていくことが，今後の学習活動の成否につながります。

　このような活動を土台に，学級活動では積極的に二人組での話合いを取り入れていきます。

○学級活動（話合い活動）の議題にそって，YES か NO で判断できることは，相手の考えを聞くだけを目的として，二人組で話をします。

○話合いを深めていくときには次のような手順が考えられます。

　・まずは，自分の考えを明らかにする
　・二人組で，相手に自分の考えを説明する
　・考えの同じところを確認する
　・考えの違うところについて話し合う

○発表については，

　・○○さんとの考えは＿＿＿＿＿＿＿でした。○○さんの意見を聞いて，私はこう考えました。

　このように発言のスタイルを指導することによって，発言に躊躇いのある子どもも，少しは手が挙がることが期待できるのではないでしょうか。

　二人組での話合いを進める上で，ワークシートを作成し，自分の考えを文字に落とし込むことも効果があると考えます。

（松尾　和宣）

【執筆者一覧】

中尾　繁樹	関西国際大学教授
日下　泰子	兵庫県朝来市教育委員会
川上　康則	東京都立矢口特別支援学校
後藤　幸子	兵庫県神戸市立西落合小学校
中尾　恵美	元兵庫県神戸市立小学校
隈下　　潤	兵庫県神戸市立蓮池小学校
穐山　和也	広島県広島市立落合東小学校
関野　淳也	島根大学教育学部附属小学校
釜田美紗子	島根県大田市立大田小学校
畑本　真澄	兵庫県神戸市立だいち小学校
吉野　晃子	松江市発達・教育相談支援センター「エスコ」
松﨑　敦子	兵庫県神戸市立住吉小学校
松尾　和宣	関西国際大学准教授

【編著者紹介】

中尾　繁樹（なかお　しげき）
関西国際大学教育学部教育福祉学科教授・同大学大学院人間学
行動科臨床教育学専攻教授
同志社女子大学非常勤講師
神戸総合医療専門学校非常勤講師他
前文部科学省「学習指導要領改善のための調査研究」委員
前日本小児科学会「学校保健と心の問題委員会」専門委員
日本LD学会特別支援教育士S.V.
神戸市，兵庫県，豊岡市，長浜市，朝来市，小野市，尼崎市他
専門巡回指導員

〔本文イラスト〕みやびなぎさ

小学校特別支援教育　指導スキル大全

2019年4月初版第1刷刊　Ⓒ編著者　中　尾　繁　樹
　　　　　　　　　　　　　発行者　藤　原　光　政
　　　　　　　　　　　　　発行所　明治図書出版株式会社
　　　　　　　　　　　　　　　　　http://www.meijitosho.co.jp
　　　　　　　　　　　　　（企画）佐藤智恵（校正）川﨑満里菜
　　　　　　　　　　　　　〒114-0023　東京都北区滝野川7-46-1
　　　　　　　　　　　　　振替00160-5-151318　電話03(5907)6703
　　　　　　　　　　　　　　　　　ご注文窓口　電話03(5907)6668
＊検印省略　　　　　　　　　組版所　中　央　美　版
　　　　本書の無断コピーは，著作権・出版権にふれます。ご注意ください。

Printed in Japan　　　　　　　ISBN978-4-18-393624-0
もれなくクーポンがもらえる！読者アンケートはこちらから→

便利過ぎて手放せない！
小学校授業のすべてをカバー

小学校 指導スキル大全 シリーズ

全10巻

授業力アップのための必須スキルを多数収録。
指導に困ったときも、
ステップアップしたいときも、
今欲しい情報がすべて詰まった1冊です！

シリーズ同時刊行

★ ラインナップ ★

国　語	（3926）	中村和弘・清水 良 編著
社　会	（3929）	澤井陽介・小倉勝登 編著
算　数	（3927）	『授業力＆学級経営力』編集部 編
理　科	（3928）	鳴川哲也 編著
音　楽	（3934）	酒井美恵子・阪井 恵 編著
図　工	（3933）	岡田京子 編著
体　育	（3932）	木下光正 編著
道　徳	（3930）	永田繁雄 編著
英　語	（3931）	坂井邦晃 編著
特別支援教育	（3936）	中尾繁樹 編著

**1つのスキルを見開きで
コンパクトに紹介！
知りたい情報を
サッとチェックできます！**

※（ ）内は図書番号
A5判　160～176ページ
2,000～2,200円 (+税)

明治図書　携帯・スマートフォンからは **明治図書ONLINE へ**　書籍の検索、注文ができます。▶▶▶
http://www.meijitosho.co.jp　＊併記4桁の図書番号（英数字）でHP、携帯での検索・注文が簡単に行えます。
〒114-0023 東京都北区滝野川7-46-1　ご注文窓口　TEL 03-5907-6668　FAX 050-3156-2790

＊価格は全て本体価表示です。